公共体育服务体系科学构建及体育资源均衡配置研究

刘 军 著

吉林人民出版社

图书在版编目(CIP)数据

公共体育服务体系科学构建及体育资源均衡配置研究 /
刘军著 . — 长春 : 吉林人民出版社 , 2023.10
ISBN 978-7-206-20708-2

Ⅰ . ①公… Ⅱ . ①刘… Ⅲ . ①群众体育 – 社会服务 –
研究 – 中国 Ⅳ . ① G812.4

中国国家版本馆 CIP 数据核字 (2023) 第 246632 号

公共体育服务体系科学构建及体育资源均衡配置研究
GONGGONG TIYU FUWU TIXI KEXUE GOUJIAN JI TIYU ZIYUAN JUNHENG PEIZHI YANJIU

著　　者：刘　军
责任编辑：张　草　　　　　　　　封面设计：武思岐
吉林人民出版社出版 发行（长春市人民大街 7548 号）　邮政编码：130022
印　　刷：河北万卷印刷有限公司
开　　本：710mm×1000mm　　　1/16
印　　张：15　　　　　　　　　字　　数：200 千字
标准书号：ISBN 978-7-206-20708-2
版　　次：2023 年 10 月第 1 版　　　印　　次：2024 年 1 月第 1 次印刷
定　　价：88.00 元

前　言

伴随社会经济发展步伐的不断加快，全社会范围内的物质生活水平正在不断提升，公众对精神生活的需求程度也在不断提高，其中，对公共体育资源和服务的需求程度不断提升。针对于此，科学构建公共体育服务体系并确保公共体育资源得以均衡配置就成为当今中国体育事业发展道路关注的焦点。本书立足公共体育服务体系科学构建及体育资源均衡配置两方面进行深入研究，具体由以下七部分组成。

第一章作为基础部分，主要将相关概念、公共体育服务体系的特征、公共体育服务体系的功能、体育资源均衡配置内涵及依据进行了系统性概述，让公共体育服务体系科学构建及体育资源均衡配置的时代意义能够得到充分彰显，并从中体现本书的作用和价值。

第二章作为重要的理论部分，主要针对公共体育服务体系构建的价值导向、公共体育服务体系构建路径、体育产业对公共体育服务的促进作用进行深入剖析，明确在理论层面进行公共体育服务体系科学构建中的必要条件，让其构建路径在理论层面具有高度的可行性。

第三章依然作为重要的理论部分，主要针对体育资源均衡配置方案做出深入研究与探索，其立足点主要包括：全民健身服务体系构建及意义、全民健身发展的路径研究、全民健身背景下公共服务体系的构建三个部分，由此为理论层面的体育资源均衡配置奠定了坚实基础。

第四章作为重要的实践部分，针对体育资源均衡配置的实践路径进行全方位和多视角的研究，其中，既包括体育资源供给路径规划，又包括体育资源均衡配置的执行路径措施和体育资源均衡配置监督评价路径，最终确立起行之有效的体育资源均衡配置路径，力求公共体育资源配置能够保持高度的均衡化。

第五章同样作为重要的实践部分，主要以长三角地区为例，针对公共体育服务发展及优化对策进行深入的研究与探讨，明确指出以长三角地区公共体育资源配置情况、体育发展经验、体育产业的区域表现、体育产业机遇与思考、"服务三角"模型的运用作为重要抓手，保证公共体育服务实现高质量发展。

第六章依然作为重要的实践部分，研究的视角体现在公共体育资源均衡配置的具体落实方面，其中明确以加大体育设施基础建设力度、完善体育资源配置方式、做好社会资源有效动员、强化体育资源融合四个方面作为重要的着力点，充分保障公共体育资源配置具有高度的科学性与合理性，并且实现公共体育资源利用始终保持高效性。

第七章作为总结和未来发展展望部分，主要结合当下公共体育服务体系和公共体育资源均衡配置的现实需要，针对未来发展的主要方向进行前瞻性研判，并提出具有可行性的新观点，进而对公共体育服务体系和公共体育资源均衡配置的进一步深化提供重要的指导作用。

目 录

第一章 概 述 / 1

    第一节 相关概念 / 2

    第二节 公共体育服务体系的特征 / 8

    第三节 公共体育服务体系的功能 / 12

    第四节 体育资源均衡配置内涵及依据 / 17

第二章 公共体育服务体系构建 / 23

    第一节 公共体育服务体系构建的价值导向 / 24

    第二节 公共体育服务体系构建的路径 / 31

    第三节 体育产业对公共体育服务的促进作用 / 37

第三章 全民健身与公共体育服务体系 / 45

    第一节 全民健身服务体系的构建及意义 / 46

    第二节 全民健身发展的路径研究 / 48

    第三节 全民健身背景下公共服务体系的构建 / 50

第四章 体育资源均衡配置的实践路径 / 59

    第一节 体育资源供给路径规划 / 60

第二节　体育资源均衡配置的执行路径措施 / 68

第三节　公共体育资源均衡配置监督评价路径 / 73

第四节　公共体育资源均衡配置路径 / 83

第五章　公共体育服务发展及优化对策研究——以长三角地区为例 / 91

第一节　长三角地区公共体育资源配置情况 / 92

第二节　长三角地区体育发展经验研究 / 109

第三节　长三角地区体育产业的区域表现 / 130

第四节　长三角地区体育产业机遇与思考 / 155

第五节　"服务三角"模型对构建公共体育服务供给机制的优化路径 / 165

第六章　体育资源均衡配置的实施策略 / 171

第一节　加大体育设施基础建设力度 / 172

第二节　完善体育资源配置方式 / 187

第三节　做好社会资源有效动员 / 195

第四节　强化体育资源融合 / 212

第七章　未来展望 / 219

第一节　公共体育服务体系的发展 / 220

第二节　体育资源均衡配置研究展望 / 222

参考文献 / 227

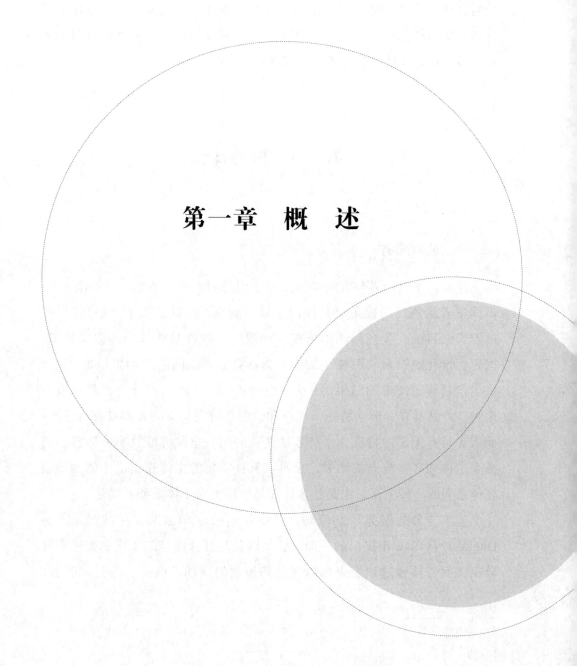

第一章 概　述

本章先对全书涉及的核心概念进行详细阐释，对公共体育服务体系的特征进行全面描述，论述了公共体育服务体系的功能，最后阐述了公共体育服务体系中体育资源均衡配置的内涵及依据，为公共体育服务体系的科学构建和体育资源均衡配置夯实理论基础。

第一节　相关概念

一、公共服务

目前，在理论界与实践界被广泛使用的词汇之一便是"公共服务"，不同学者从各自的视角对其加以理解与阐释，因此，关于"公共服务"的定义，目前在业内尚未形成统一的界定，仅在某些部分达成了共识。国际标准化组织对"服务"的定义为：有形产品的附属物（子集），即由生产过程而产生的结果。[①] 从产出形式来看，产出可分为产品和服务两种。产品具有有形的特征，生产和消费在时间与空间方面具有可分性；而服务具有无形的特征，生产和消费在时间与空间方面具有一体性。服务是主体和客体分离的结果，是具有某种需要的主体和满足主体需要的客体之间的一种关系，也是指客体在其效用上对主体需要的满足。

关于"公共服务"的范畴，是由法国公法学家莱昂·狄骥（Léon Duguit）于1912年提出的，即"任何因其与社会团结的实现和促进不可分割，而必须通过政府来加以规范和控制的活动，就是一项公共服务，

---

① 石国亮，张超，徐子梁. 国外公共服务理论与实践 [M]. 北京：中国言实出版社，2011：8.

只要它具有除非通过政府干预，否则便不能得到保障的特征"[1]。莱昂·狄骥提出的公共服务的唯一主体是政府的论点，因受所处时代其他公共服务组织发展尚未成熟这一因素的影响，促使该论点在当时略显狭隘。现代法国法学家古斯塔夫·佩泽尔认为，公共服务是指"公共团体为满足普遍利益的需要而进行的活动"[2]，这一研究促使公共服务的主体由政府逐渐延伸与拓展至公共团体。

方堃认为，公共服务是指以政府为代表的公共部门和其他治理主体为满足社会公共需要，整合公共权力和公共资源，通过各种机制及方式，提供物质形态或非物质形态的公共物品和服务，以实现公共利益目标的行为总称。[3]而基于公共利益对公共服务的界定这一点对于传统语境下依据物品属性而进行的界定有了一定的突破。陈力从狭义和广义两个层面界定了公共服务的概念，认为狭义上的公共服务是指政府公共服务，而广义的公共服务是指政府组织及社会其他组织，以社会公共利益为目的，提供各种共同需要的有形或无形服务产品的活动（包括纯公共产品、混合性公共产品以及特殊私人产品）。[4]

总而言之，某些价值判断存在于公共服务之中，然而从纯粹经济学角度出发，"非排他性和非竞争性"的公共产品难以将其价值判断充分体现出来。政府将追求公共利益作为公共服务问题的研究重点。与公共产品概念相比，公共服务的概念更为广泛，能够充分考虑到社会覆盖面与社会公正，强调公共权力的实现。为公共利益发声，促进公共利益的实

---

[1] 狄骥.公法的变迁：法律与国家[M].郑戈，冷静，译.沈阳：辽海出版社，1999：7.

[2] 佩泽尔.法国行政学：第十九版[M].廖明坤，周洁，译.北京：国家行政学院出版社，2002：14.

[3] 方堃.当代中国新型农村公共服务体系研究：基于"服务三角"模型的分析框架[M].北京：中国社会科学出版社，2010：21.

[4] 陈力.区分公共服务与经营性服务的理论思考[J].中国人才，2007（10）：14－16.

现是政府职责所在。虽然在公共供给中,政府承担着较大的责任,但是仅靠政府提供的公共服务难以满足其复杂性的要求,因而为了更好地解决这一问题,应当将服务的生产者与提供者进行分离。随着社会的发展,公共服务的提供主体逐渐变为社会组织与私营部门,当然,在公共服务供给中,政府仍然是最重要、最核心的责任主体。因此,我们对公共服务的定义是"以社会公共利益为目的的社会组织、市场组织以及政府部门,为实现社会公共需要的满足,而提供的各类公共服务与公共物品"。

二、公共体育服务

目前,针对公共体育服务与体育公共服务的表述,在实践界与理论界尚存在一定的争议,本书以规范用语为视角,对教、科、文、卫、体五大公共事业广泛运用及普遍认可的"公共科技服务""公共卫生服务""公共文化服务""公共教育服务"等概念加以借鉴,认为"公共体育服务"这一术语若是应用于体育领域同样更为合乎常规,由公共服务的概念推演出公共体育服务的概念,换句话说,就是公共服务的概念在体育领域内同样适用。《"十四五"公共服务规划》认为,基本公共服务是为保障社会全体成员基本权利、基础性的福利水平,向全体成员提供的公共服务,其供给主体以政府为主,强调服务均等化。非基本公共服务是为保障社会整体福利水平所必需的、又可以引入市场机制提供或运营的,尚需政府采取多种措施给以支持的公共服务,其供给需要充分发挥市场和社会组织等各种社会力量的广泛参与,强调服务的普惠性。

关于公共体育服务,代表性的观点有以下几种。

肖林鹏、李宗浩、杨晓晨认为公共体育服务是指公共组织为满足公共体育需要而提供的公共物品或混合物品。公共组织是公共体育服务的供给主体,全体公民是公共体育服务的客体,公共体育需要是公共体育服务供给的发端和归宿，公共体育服务的内容丰富、供给模式多元。[①] 肖林鹏认为政府和体育行政部门、准政府组织、非政府组织、企业和个人都可能成为公共体育服务的供给主体。[②] 闵健等认为公共体育服务是指公共体育组织和公共体育服务人员为社会公众的体育活动提供的体育产品和体育劳务。[③] 汤际澜认为公共体育服务是以提供公共体育产品为核心，对公共体育产品内容加以确定、利用资源公平而有效地供给并对供给行为进行绩效评价的综合社会活动。他指出，公共组织并不一定需要亲自去完成公共体育产品的生产任务。[④]

　　总而言之，学者绝大多数情况下是从产品属性的视角展开研究的，而研究的最终目标是保障公民的体育权利，满足公众的公共体育需求。然而公共服务与政府服务在一定程度上存在着交叉性，公共的意愿与公共的利益不能完全通过政府服务得以体现，而当政府服务发生扭曲时，其功能与用途则会发生改变，成为私人攫取利益的重要工具，而不再是公共利益的代表者与服务者。通常来说，非营利组织与政府均属于公共组织，它是以管理社会公共事务，实现与维护社会公共利益，提供公共服务与以公共产品为目的，拥有法律授予的或法定的公共权利的所有组织实体。在市场经济体系下，公共服务的提供与生产主体具有一定的多样性，无论是政府、市场组织，还是社会组织，均可参与其中。公共体育服务的供给主体既包括公共组织，也包括市场组织。因此，人们将由社会组织、市场组织以及政府体育相关部门，以社会公共利益为目的，为满足社会公共体育需求而提供的公共服务与公共物品，称为"公共体

---

① 肖林鹏，李宗浩，杨晓晨. 公共体育服务概念及其理论分析 [J]. 天津体育学院学报，2007（2），97 -101.

② 肖林鹏. 论我国公共体育服务供给的基本问题 [J]. 体育文化导刊，2008（1）：10-12.

③ 闵健，李万来，刘青. 公共体育管理概论 [M]. 北京：北京体育大学出版社，2005：162.

④ 汤际澜. 我国基本公共体育服务均等化研究 [D]. 苏州：苏州大学，2011：48-50.

育服务"。

三、公共体育服务体系

"体"可以理解为整体，诸多元素蕴含其中；所谓"系"指的是彼此联系。而"体系"则是指不同要素之间并非孤立存在的，而是相互联系的，由这些彼此制约与关联的要素构成的一个整体便是"体系"。而这一整体正在以某些特定形式发挥着特殊作用。目前，人们尚未对"公共服务体系"形成统一共识。

《国家基本公共服务体系"十二五"规划》认为，基本公共服务体系是指由基本公共服务范围和标准资源配置管理运行、供给方式以及绩效评价等构成的系统性、整体性的制度安排。陈昌盛、蔡跃洲认为，任何公共服务都可以分为四个层次来考察。第一个层次必须回答什么是公共服务和公共服务的范围等问题。第二个层次则要回答提供多少服务、如何融资和生产及定价等问题。第三个层次更加注重公共服务实践中的运行问题，强调如何在现实中保证公共服务的效率和公平，以及需要建立什么样的机制来实现这一目标。第四个层次强调政策执行的效果与激励机制设计，并为政策工具的调整和改进直接提供依据，目的是保证公共服务提供的稳定性、有效性和可持续性。[①]丁文武认为，公共服务体系是指以政府为主导、以社会团体和私人机构等为补充的供给主体，以为公民及其组织提供基本且有保障的公共服务为主要目的而建立的一系列有关服务内容、服务形式服务机制、服务政策等的制度安排，主要表现为政府主导、社会参与和体制创新。[②]上述内容为我们对公共体育服务体系进行全面把握提供了重要参考。

---

① 陈昌盛，蔡跃洲.中国政府公共服务：体制变迁与地区综合评估 [M].北京：中国社会科学出版社，2007：21-22.

② 丁文武.集成电路产业公共服务体系建设研究 [D].天津：天津大学，2011：21.

随着社会不断进步，人们思想意识不断提高，国家基本公共服务制度体系也更加完善，各类制度政策相继出台，如《国家基本公共服务标准（2021年版）》的出台、基本公共服务清单制度的建立等，促使国家向全民提供基本公共服务的范围得以明确，为公民享有相应权利与政府履行职责提供了重要依据。困难群体、边远地区、农村以及基层获得越来越多的基本公共服务资源，促使城乡区域人民之间的基本公共服务差距日益缩小。

总而言之，公共体育服务的结构与类型属于公共体育服务研究的核心问题，是对"是什么"问题的解决；而着重研究怎样高效地对公共体育服务资源加以整合，进而为公共体育服务的运行提供保障，即研究公共体育教育主体怎样为客体提供有效的公共体育服务的问题。近些年，关于公共体育服务体系的理论观点，在学术界仍然存在一定的争议，并且尚未对该体系外延与架构形成一致意见，而对于公共体育服务体系构建的终极目的学术界有着较为一致的看法，具体来说，就是在内在制度建设、政策制定等方面，能够最大限度地体现出政府主导与公益性主导的作用，促使人民群众的基本体育权益得到保障。因此，人们将以公民及其组织提供基本并有保障的公共体育服务为主要目的，而建立起的一系列服务政策、服务机制、服务形式与服务内容等制度安排，称为"公共体育服务体系"，其中，体制创新、社会参与以及政府主导是主要表现，而评价体系、保障体系、供给体系、需求体系则是公共体育服务体系的构成部分。这就要求一方面不可使竞技体育与公共体育服务形成对立关系，另一方面不可将群众体育与公共体育服务简单地画等号。要在实践中不断探索，从而促使人们对公共体育服务的规律与特点的认识逐渐加深。

第二节　公共体育服务体系的特征

一、系统性特征

从本质上来看，公共体育服务体系是一个相对复杂的系统，具体包括评价系统、保障系统、需求系统、供给系统等。为了最大限度地发挥不同组织要素与不同系统之间的协同作用，促使一个有序、高效的公共体育服务体系得以建立，需要在系统性思考的基础上，对各个环节加以组织、设计、管理与运行。系统性含义大致包括三个方面。首先，整体性。作为一个有序的系统组合，公共体育服务体系应当是以公共体育服务的运作、运筹为出发点加以建立的。其次，联系性。联系性一方面表现为公共体育服务体系不同子系统之间的依存与连接，另一方面表现为二者的渗透、转化与制约。最后，有序性。公共体育服务体系无论是在层次与结构上，还是在内容上，均有着较为明确的服务方向，即为了使系统能够有序地推进实施，需要持续不断地满足人民群众的公共体育需求。因此，系统化建设应当是公共体育服务体系的重点，对公共体育服务体系布局、功能结构、队伍、内容、组织机构、设施、机制加以规划，促使市场经济体制下的公共体育服务需求得到不断满足，形成网络化、多样化、多层次的供给系统，使人民群众公共文化体育生活能够不断丰富。

二、公共性特征

公共体育服务体系核心与关键的一大特征便是"公共性"。这一"公共性"在公共体育服务体系中包含四方面内容。其一，资源配置的公有性。通常而言，公共资源内容体现出一定的社会主流意识形态导向与公共价值准则，与社会对体育长远、根本、共同利益的需求相契合。一般来说，公共性是一种价值伦理，具有正义与公平的特征，从客观角度上来分析，要求政府能够满足公众要求，促使公民享有平等的参与机会和参与权，并要求社会公众充分发挥自身的批判与舆论监督作用。其二，服务供给的公平性。现代社会公民的基本权利之一，便是享受基本的公共体育服务，而政府的主要职责就是提供公共体育服务，政府应当确保公众拥有平等享受公共体育服务的机会。其三，服务主体的公众性。公共体育服务单位必须面向所有公众提供基本相同的公共体育服务。无论是何种公共体育服务设施，均应面向社会免费开放，为各类公众活动提供场所，并接受公众的监督与管理。其四，利益取向的公益性。公共体育服务以普遍实现公共体育权益为准则，促使社会效益最大化。

三、统筹性特征

实现公共体育服务的均等化是公共体育服务体系建设目标的具体体现，又称"统筹性"。统筹性要求管理层站在更高一层级，进行谋篇布局与顶层设计，将区域内各级公共体育资源加以整合，促使各方力量汇聚在一起，发挥各自优势，使动态的公共体育文化系统得以建立。只有做好"两个统筹"，才能使体系化建设得以推进。其一，应当统筹城乡体育发展。从本质上来看，最大限度地促使城乡差别缩小或无差别发展，是公共体育服务体系建设的最终目标。只有加快城乡体育发展联动机制的建立，使城乡之间的公共体育资源实现合理配置、均衡布局，才能使城乡公共体育服务资源的差距不断缩小，推动城乡体育的协调发展。

四、服务性特征

公共体育管理工作中关键的内容便是公共体育服务，从侧面对公共体育管理者的服务性特征予以肯定。在公共服务提供过程中，私人部门、第三部门、公民与政府的功能和角色有所差别，在各自的领域中，发挥着自身的优势。它们以通力合作的方式，使多元协调联动的局面得以形成，更好地为公众提供高质量的公共体育服务：促使大众公共利益的诉求表达途径日益多元化，便于其诉求更顺畅地传达出去，确保公共体育服务的服务性得到充分体现；保证公民获取更多的体育服务相关信息，使公民的监督权、表达权与知情权得到有效保障；确保公民自主选择多元化的公共体育服务的权利得到有效保障。管理工作由人性化的公共治理取代以往严格的行政控制，进而推动政府职能实现转变，即由管理型转变为服务型。具体来说，以公众为导向的公共服务体制的出现，促使公共服务发生一定的变化，也就是公民需要何种方式的服务，政府就应当提供与之相匹配的服务方式，政府没有任何自由处置的权力；公民需要何种服务内容，政府就应当最大限度地满足其相应要求。也可以理解为由过去的政府单向提供，向由社会与公民所支配进行转变。

五、保障性特征

保障每个个体均可享受到除生存权以外的基本的体育权利，使最基本的体育需求得以实现，需要建立公共体育服务体系。作为公共体育服务体系的重要子系统，政策调节保障系统、绩效评估系统以及财政保障系统，一方面对公共体育服务体系的存在效果起着重要作用，促使其具有一定的自我监控、自我修复与自我调节能力；另一方面与整个体系实施的长效性、现实性、稳定性与可行性有着直接关系。制度架构、财政投入和决策等方面参与能够将公共体育服务体系的保障性特征充分体现出来。首先，公共体育服务体系在制度架构方面，确保全体公民能够机会均等地享有公共体育服务方面的权利；其次，公共体育服务体系在财政投入方面，确保全体公民能够机会均等地享有公共体育服务方面的资源；最后，公共体育服务体系在决策参与方面，确保全体公民能够机会均等地享有公共体育服务方面的效果，主要体现在尊重每一位社会成员的选择权，允许其在公共体育服务体系之外存在其他选择。

六、科学性特征

作为一种科学的制度设计，公共体育服务体系具有一定的科学性，具体体现在：其建设需要根据国家与地区体育、社会、经济的发展状况，将服务优良、富有效率、责任明确的运行机制与管理体制建立起来。作为服务型政府治理的一种管理模式，公共体育服务体系应当积极吸纳现代管理技术，并将技术实现过程中的透明化、公开化、标准化、规范化充分展现出来。与此同时，就目前情况来看，我国整体性的或针对不同区域特点而形成的，具有一定差异性、科学性与合理性的体育投入指标体系尚未建立。这一指标体系具体包括以下几方面内容：其一，投入的各项构成；其二，投入总额占财政支出的比例及其增长速度；其三，投入总额及其增长速度。可以说，对公共体育服务水平、效率、质量、投入进行量化考核，离不开上述的公共体育服务体系。只有率先确定关键考核指标、考核导向以及考核主体，才能使科学的公共体育服务考评体系得以建立。具体来说，在政府考核主体之外，应当充分考虑以第三方机构的意见，以及公众的意见、公众需求为导向，对关键的考核指标加以确立与细分，使科学合理的指标体系得以建立。

七、创新性特征

公共体育服务的观念创新体现的是其创新性的特征。也就是说，公共体育服务最大限度地实现公平、效率、成本的统一，成为各级政府的职责之一。从本质上来看，公共体育服务体系是政府为了更好地承担体育义务，而设计出的制度层面上的自循环功能框架，是政府公共体育服务的制度创新之举，使其长效化、均等化、效率化、制度化与规范化的新特点得以展现。具体表现在以下几个方面。第一，要求政府从制度层面上实现职能转变，即由传统的"管理型政府"转变为现代的"服务型政府"，促使传统的政府单一主体的垄断供给得以打破，形成非营利组织、市场组织、政府协同运作的局面。第二，要进一步推进管理创新。对公共体育服务资源加以有效整合，提供优质、丰富的公共体育服务。第三，要不断加大公共体育服务机制创新力度。既要建立与完善公众参与机制及责任追究机制，促使公共体育服务创新得以不断推进，又要使健全的公共体育服务运作程序、运作原则、运作标准得以建立。

第三节　公共体育服务体系的功能

《辞海》中关于"功能"的解释为："有特定结构的事物或系统在内部和外部的联系和关系中表现出来的特性和能力。"在社会学中，功能概念应用极为广泛，并逐渐形成了"功能主义社会学"。人们将要素之间的关系与比较恒常的要素状态称为社会体系的"结构"，将上下级体系与某一构成要素对其他结构要素产生的正负结果与正负影响，称为此类构成要素的"功能"。公共体育服务体系的功能与该体系的价值指向有着密切联系，是公共体育服务体系构建的硬约束。

一、公共体育服务体系的系统功能定位

明确公共体育服务体系"做什么"的问题，便是该体系的功能定位，

使该体系的主要功能内容与总体功能目标得以充分体现。因此，科学合理的功能定位对公共体育服务活动的顺利开展起到一定的积极作用。

（一）创新服务功能

整个公共体育服务体系运行的目标与发展方向，因正确的导向而得以明确，并且要想使公共体育服务体系得到科学发展，就必须以公众为导向。"公共服务均等化"是公共体育服务体系的核心，具体来说，就是每位公民均应平等享有公共体育服务的权利，旨在不断放射与延伸服务共享功能的覆盖范围。这就需要使政府决策的公众参与度不断扩大，也就是说，需要以公众意见为依据来确定公共体育服务的内容与形式。公民共享公共体育服务的满意程度成为创新服务功能在其结构优化方面的目标，也就是说，全体公民对公共体育服务广泛性的满意程度就是对公共体育服务结果的目标定位。服务的有效性通过公共体育服务的成效得到集中体现，可以说，公民满意的评价是有效服务的充分彰显。并且，公共体育服务体系的建立就是为了更好地为公众提供公共体育服务，而这一服务体现在对服务供给手段与方式再造创新的不断追求上。为了顺应发展需求，符合市场经济发展要求，应当不断完善市场竞争机制，建立并发展地方政府与各级政府、社会与政府之间公共体育服务的协作机制，在公共体育服务提供过程中，不断完善政府责任机制，最后基于稳定的法治环境，对公共体育服务体系的服务功能不断进行优化，这是该体系服务功能得以实现与创新的前提条件之一。故此，国家应当基于严格的立法执法程序，确保每位公民平等享有公共体育服务的权利得到保障，使公民的权利制度化、公开化、合法化。

（二）资源整合功能

优化配置的关键是资源整合。优化资源配置，实现整体最优便是公共体育资源整合，也可理解为，实现配置的有效公平与帕累托最优（又称"二八定律")这两个目标,并促使公众公共体育服务的需求得到最大限度的满足。从总体视角出发,公共体育服务资源整合就是推动公共体育资源的民主化、市场化与社会化进程,不断完善与健全"政府推动、市场拉动、部门联动、城乡互动、典型带动、全民齐动"的运行机制,对政府的经费资源与政策资源进行积极整合,将公共体育服务的科学发展观落实到位,最终使利民、惠民、便民、亲民的总体要求得以达成。具体来说,其一,要能通过资源共享机制的建立,使社会学校场馆资源与体育系统内部场馆资源的整合得以不断强化,满足不同社会群体对体育健身的实际需求。其二,在公共体育资源配置过程中,应当加大地方财政投资力度,使供给效率得以提高,并能够满足当地居民对公共体育服务的实际需求。其三,为了鼓励广大公民积极加入社会体育指导员队伍,需要制定一系列的相关政策,使其常规化与制度化,并对提高公共体育工作者素质的工作给予高度重视,最大限度地将人的主观能动性调动起来,使其潜力得以充分发挥。

(三)激励约束功能

从总体角度出发,公共体育服务体系的激励约束功能一方面促使公共体育需求与公共体育服务的发展变化实现完美结合,另一方面体现在公共体育服务质量与数量快速发展的推动作用方面。公共体育服务体系既将评价结果反馈给了被评价对象,又在为决策者提供借鉴与参考,使其能够明确工作中的短处与长处,并制定出与之相对应的措施。通常来说,负面评价结果对于被评价者可以起到警醒作用,进而促进其对工作加以改进;而正面评价结果可以充分激发被评价者在工作中的积极性,便于工作的顺利开展。

通过政策导向,公共体育服务体系内的各类供给主体得到一定程度上的激励,能够更加积极主动地依法行使其应有的权利,在法律允许范围内获得最大受益;并能够做到允许性与禁止性条款规定彼此结合,最大限度地发挥出约束与激励功能，适度调整相关调控政策，以确保公共体育服务的快速发展。而在财政激励约束上，政府对公共体育服务提供主体的支持力度，需要通过绩效综合评价结果加以权衡，做到惩罚与奖励相结合，最大限度地发挥逆向约束、正向激励的作用，而财政贴息、政府采购、税收优惠等措施，则成为政府吸引社会力量参与公共服务提供的主要途径。

二、公共体育服务体系供给主体间的功能关系

结构功能主义是社会学中历史最长的重要理论方法，其主要代表人物是美国著名社会学家塔尔科特·帕森斯，该理论明确提出适应各种功能的需要是社会系统结构得以产生的重要原因，而社区制度、法律制度、政治制度与经济制度则是该结构的四个子系统，与之相对应的四大功能分别为潜在模式维系功能、整合功能、目标实现功能以及适应功能，可以说，不同的系统之间彼此依存，相互影响，确保了系统的正常运行。该理论为进一步研究与明确公共体育服务体系中各供给主体相互关系与功能起到重要的作用。

向公众提供何种公共服务以及以何种方式提供，用以满足公众对公共体育服务的实际需求，一方面可视为一个发挥社会主体功能的过程，另一方面可看作一个调节社会资源配置的过程。就目前来说，政府公共机构、市场组织、社会性组织以及相关科研机构与高等院校等都是我国公共体育服务体系中的主要供给主体。这些供给主体在公共体育服务体系内部，凭借着各自优势发挥着不同的作用，逐渐形成了公共体育服务体系的系统功能，主要供给主体如下。

（一）政府公共机构

政府公共机构通过战略研究、布局规划、政策引导以及目标制定，使公共体育服务体系的发展方向得以明确，对服务重点领域的确定方面

起着决定性的作用，并且以其权威与权力，进行组织协调与管理控制，主要对象为体系内部各供给主体及其行为。可以说，在维持体系运转、结构优化、资源配置方面，政府公共机构发挥着至关重要的作用，尤其是一些公益性服务项目，在资金、技术、信息等方面起到一定的带头作用。故此，在公共体育服务体系中，政府公共机构对目标的实现起到一定积极的促进作用。

（二）市场组织

在交易成本、管理运行效率、资本积累方面，市场组织等主体具备一定的天然优势，可以在政府无法触及的领域实现生产要素的优化配置，能够有效促使各生产要素，在遇到社会环境与外部市场变化时，做出快速反应和及时的调整。故此，在公共体育服务体系中，市场组织发挥着一定的功能性作用。

（三）社会性组织

社会性组织以调研等多种方式，将公众对公共体育服务的多重需求加以汇集，对公众需求进行进一步确认，将多种存在关联的因素整合到同一体系中，用以协调供给、资源、需求三方之间的平衡，进而实现"系统整合""组织整合""需求整合"的统一。故此，在公共体育服务体系中，社会性组织起到一定的整合作用。

（四）相关科研机构与高等院校

国家相关的体育科研机构与高等院校在一定程度上承担着部分公共责任，既是某些公益性公共体育服务功能的提供者，又通过体育理论及其相关科学技术的研究、推广、培训与教育，使公共体育服务体系得以顺利运行，免受公共体育服务提供者更替的影响。故此，在公共体育服务体系中，相关科研机构与高等院校起到一定的维系模式作用。

第四节　体育资源均衡配置内涵及依据

一、体育资源均衡配置内涵

（一）公共资源

从本质上来看，资源属于经济学概念，是一系列物质要素的总称，涵盖了人力、物力、财力等。经济学指出，公共资源不应被任何企业组织或个人所占有，它是一种天然存在或自然生产的资源，应为全体社会成员所共同拥有。公共物品随着时代变迁逐渐演变为公共资源，据了解，公共物品这一概念最早是由美国经济学家保罗·萨缪尔森提出的。笔者认为，人们追求经济利益的一切活动总和，以及在活动中可能涉及的一切条件总和，即公共物品。并且公共物品中包含公共资源，故此，公共物品的非营利性、公共性等属性，在公共资源中同样有所体现。

（二）体育资源

一切能够影响体育发展、提高运动技术水平、促进人类体质健康的各类潜在的及现存的社会条件与自然条件的总和，即体育资源。人力、物力与财力等资源同样存在于体育资源中。其中，各类社会体育指导员、志愿者、教师等均属于人力资源；器材配备与场馆设施等均为体育物力资源的重点；而国家财政支持是体育财力的主要来源，其中，体育产业与民间融资是其有效补充。除城镇以外，在我国农村地区，由于体育资源匮乏，经济发展相对落后，该地区的体育公共资源配置是以国家宏观调控为主的，而财政拨款成为其发展公共体育服务的主要经济来源。也正是由于农村体育公共资源的相对匮乏，才促使人们对体育公共资源的配置提出了全新要求。

（三）体育资源配置

通过将有限资源分配到体育活动中，促使其作用发挥到最大化，进而使公众的公共体育服务需求得到满足，便是体育资源配置。所谓"城乡体育资源配置"指的是基于城乡实际基础，城乡体育资源的一种动态方式，涉及分配、组织与利用。现阶段，我国的资源配置形式有两种：一种是市场配置，另一种是计划配置。其中，以市场机制为体育公共资源的主要配置方式，即市场配置，这种配置方式主要通过市场运作得以实现，通过市场对其配置形式与流向加以明确与完成。要想推进城乡体育发展，提升体育普及水平，在一定程度上有赖于城乡体育资源配置。需要结合新城乡建设、战略规划、管理体制、社会经济发展水平等影响因素，进行资源的配置与开发利用，实施坚持动态调控、统筹平衡、兼顾效率、以人为本等原则，将资源的宏观布局与分配作为主要的关注焦点，把如何实施均衡化、怎样才能均衡化等问题作为重点加以解决。

（四）体育资源均衡配置

基于相关因素处于相对稳定状态，在一定程度上，可以促使效益最大化，使其达到一种理想状态，便是资源均衡配置。结构的优化与规模的扩大是均衡发展的两大内容，实现"划一"性发展以及绝对"平均主义"均不是其主要目标，实现需求与供给的均等，使群体之间、城乡之间、区域之间的差距不断缩小，促使群众体育的相对均等发展得以逐步实现才是其最终目标。受到社会平等思想的影响，使城乡体育均衡配置实现一种社会需求与投入的均等状态，既包括了微观层面的质量与结果，又涉及了宏观层面的机会与权利，并基于此，促使广大城乡体育资源呈现螺旋上升的发展态势，而体育结果、体育资源配置、体育机会的均等都是它的具体体现。可以说，城乡公共服务均衡化的实现，在某种意义上，是践行公正价值理念、满足体育需求的体现，对构建和谐社会、缓和社会矛盾、缓解社会不公起到促进作用。

二、体育资源均衡配置的依据

（一）经济发展水平是体育公共资源均衡配置的重要前提

要想使我国体育事业得到发展，与经济水平的不断提高有着紧密联系。通常而言，文化资源、物质资源等一系列资源，均属于体育公共资源，它一方面可以促进群众之间的情感交流，使生活更加和谐，另一方面能够在使群众身体素质得到提高的同时，使其精神生活得到满足与丰富。大众对体育的需求日益丰富，既有愉悦身心的目的，又有锻炼身体的实际需求。这种多元化体育需求的出现，要求我们必须始终坚持以人为本的原则，做到与时俱进，基于以往的体育健身器材设施，不断对其文化功能进行深层次的挖掘，通过体育运动的方式，促使和谐社会得以建立，最大限度地满足公众对公共体育服务的需求，更加科学合理地实现体育资源均衡化发展。

当前，虽然农民的收入水平已经得到提高，但是城乡消费水平仍然存在一定差距。农村体育的发展受到社会经济水平的严重制约，使农民对体育的需求程度与热情受到一定程度的影响。由此可见，在城乡体育资源均衡配置方面，社会经济发展水平对其有着基础性的深远影响。社会经济发展不仅为体育的发展提供重要的物质支撑，还对体育公共资源配置的科学性与合理性起到一定的决定性作用。

（二）完善管理体制是体育公共资源均衡配置的重要条件

要想使体育全面顺利地发展，离不开完善的体育管理制度。随着经济不断发展，政府也希望通过引进投资、吸收社会资金等方式促使我国体育事业得到发展，从某种意义上来说，追求利益最大化是政府与投资者共同的目标。这就需要政府通过采取适当措施，给予投资者一定的利益保障，从而激发投资者对我国体育事业的热情。总而言之，只有社会组织管理机构与政府部门彼此之间协调合作，在最大限度上发挥政府的主体作用，优化布局，实现统筹平衡，明确双方职责，使双方收益达到均衡，才能更好地满足公众对公共体育服务的现实需求，从而促进体育资源均衡配置效益最大化。

（三）合理的策略规划是体育公共资源均衡配置的重要保障

策略研究在我国社会各个领域中的重要性，通过经济的发展得以体现。1985年，中国体育发展战略研究会成立，我国关于体育发展策略的研究由此展开，体育学术界一致认为，从本质上来看，体育发展策略是一种整体谋划，具有一定的宏观性、长远性与全局性。《"十四五"体育发展规划》指出，"十四五"时期，面对中华民族伟大复兴战略全局和世界百年未有之大变局，体育需要立足新发展阶段，贯彻新发展理念，构建新发展格局，统筹发展与安全，增强机遇意识和风险意识，在危机中育先机，于变局中开新局，在迈向全面建设社会主义现代化国家新征程中奋勇前进。

近些年，国家以新时代下的新目标为出发点，对体育公共资源建设路径进行不断优化，通过不懈努力，使大批社会指导员与体育干部得以培养，部分场地设施得以建立，促使体育人力资源与设施资源得到很大程度上的改善，促使我国体育事业取得了长足的进步。但是，由于人们对体育认识不够深刻，以及对部分民众生活环境缺乏全面的了解，需要各级部门不断优化与均衡体育公共资源，使其更加明确与精准，使科学合理的体育发展战略规划得以制订，对不同地区的体育公共资源配置的重点与难点加以区分，从中发现并找出差距，不断强化宏观调控，细化微观指导。为了避免在战略实施过程中出现"政绩化""口号化"的现象，需要基于科学合理的体育发展战略，始终坚持以实际情况为基础，"自上而下"流程明确的原则不动摇。

（四）现代化城乡建设的需要是体育公共资源均衡配置的动力

从体育资源建设方面来看，在新时代下，国家不断推动农村体育事业发展，随着人们生活水平的不断提高，公众对公共体育服务的需求日益增长，对其服务内容的要求也在发生着改变，由以往单一的强身健体的内在需求，逐渐发展成为一种对健康生活方式的追求，为了顺应这一需求变化，国家需要结合农村地方特色与地理条件等实际情况，开展针对性较强的体育公共资源建设。从本质上来看，体育具有一定的文化属性，而体育在推动社会发展方面的促进作用，也可以借助文化视角得以展现。若是在有着较强文化支撑与文化依据的条件下，对体育资源加以均衡配置，可以起到事半功倍的特殊作用。随着社会的不断发展，人们越来越认识到体育的重要性，尤其是在城乡文化建设中，体育同样占据着不可或缺的地位。随着生活水平的不断提高，人们物质层面的需求得到了极大满足，其注意力也逐渐转移至对精神层面的追求上，由此，体育作为城乡文化精神文明建设中的组成部分之一，其重要性日益凸显出来。

第二章　公共体育服务体系构建

公共体育服务体系的构建需要首先明确公共体育服务体系构建的价值导向，其次确定公共体育服务体系构建的路径，阐释体育产业对公共体育服务的促进作用，为公共体育服务提供有力的支撑。

第一节　公共体育服务体系构建的价值导向

构建公共体育服务体系，要从理念层面以及实践层面进行价值导向的确定，以人为本的理念是价值先导，该理念对于实践层面的导向有着更高层次的指导、规范以及评价的功能。而在实践层面确定的导向是价值先导在实践中的表现，是体系构建的具体原则和操作方法。

一、构建公共体育服务体系要将以人为本作为价值先导

通常来说，之所以要提供公共服务，是为了使公民的权利得到保障以及促进人的全面发展。也就是说，公共服务要以公民为导向，"处于核心地位的是人的尊严、信任、归属感、关心他人以及其公共利益的公民意识，政府必须致力在公民之间建立信任和合作的关系，而一切依靠公民，一切为了公民，一切为公民负责，这也是新公共服务的题中之义"[①]。具体到公共体育服务领域，以人为本的价值先导性主要在三个层面体现。

（一）构建公共体育服务体系要以保障公民的体育运动权益作为逻辑起点

从历史角度来讲，在体育运动权益的发展上，我国对于公民体育运

---

① 登哈特 J V，登哈特 R B. 新公共服务：服务，而不是掌舵 [M]. 丁煌，译. 北京：中国人民大学出版社，2016：56.

动权益的重视也在不断强化，尤其是在 1949 年以后，我国的体育事业始终将群众体育当作发展的重点，在中华人民共和国成立初期，就已经提出了"发展体育运动、增强人民体质"的要求。后来又为了进一步保障群众体育的发展，国务院印发了《国家基本公共服务体系"十二五"规划》，制定了"十二五"时期基本公共体育服务的国家基本标准，在可供使用的公共体育场地占比、经常参加体育锻炼人数的比率等方面都提出了明确的要求，同时，制定了我国基本公共体育服务的最低标准。明确和保护公民的基本体育权利，从某种角度上来说，可以促使政府明确自身的公共体育服务供给责任，特别是服务标准的制定，也是为政府划出了一道责任底线，这一底线要求政府要心系社会大众，将公共体育服务覆盖至全体人民，其中当然也包括残障人士等特殊人群，要帮助他们多进行康复训练，帮助他们融入社会，共同品尝社会经济发展的果实，促使其努力实现自身的价值，因此，这些规定对于公共体育服务的普惠性具有重要的促进作用。此外，随着《"十四五"公共服务规划》以及《"十四五"公共文化服务体系建设规划》的发布，也进一步彰显了国家行政伦理的优化，反映了社会文明的进步以及政治文明的提升。

（二）构建公共体育服务体系要以满足公民的体育运动需求作为最终归宿

服务往往是针对一个特定需求而言的，而公共服务则是对于公共利益而言的，这一公共利益表达的是社会全体或者是大部分人的需求，是差异性的个体需求在进行资源交换时达成的社会共识。这一需求在社会、政治等多种力量的促进下就会转变为公民的一项基本权益，社会共识也会因此得到强化，最终成为一项公共服务，以满足大部分人的需求。目前随着社会经济的发展，社会大众对于健康权、生命权的认知得到不断加强，人民对于体育的需求越来越高，导致体育资源方面暴露出供给不足的情况，这也是当前我国体育事业最主要的矛盾，尤其是在群众体育领域里，这一问题更是尤为突出，很多方面都和人民大众的需求存在很多差距，如体育场地设施建设、健身指导等，这些是我国建设体育强国道路上的严重阻碍。就目前情况来看，公共体育服务发展速度比较缓慢，政府在体育事业发展中的职能没有得到充分发挥，要想早日达成公共体育服务均等化目标，还有很长的路要走。

不过相比于过去的十年，我国目前在社会、经济、科技等方面已经有了很大的进步，人们的生活水平有了很大提高，社会保障水平也得到了很大提升，这些巨变都为我国发展公共体育事业提供了很好的物质基础。因此，当前迫在眉睫的问题就是公共体育服务体系的构建和完善，这样才能为未来体育事业带来更多的发展机遇以及更加广阔的发展空间。

（三）构建公共体育服务体系要以公众为中心的构建理念作为内在要求

公共服务供给机制的设计中包含了以公共服务提供者为中心和以公共服务使用者为中心的两种不同的理念，其中，以提供者为中心的理念有以下三个方面的依据：首先，提供者对于使用者的需求以及分布方面都是很了解的；其次，服务供给包括决策、协调、生产等多个环节，而提供者恰恰可以很好地对这些环节进行把控；最后，在提供者看来，他们提供给使用者的都是有效供给，从而认为，使用者的反馈并不重要。以使用者为中心的理念坚持只有在充分了解了使用者的真实需求以后，才能以此为依据更好地为其提供公共服务。

首先，人们在心理和生理上都存在很大的差异，这些都是与生俱来的，其次，不同的地区、文化、教育背景等诸多因素的影响，人们对于公共服务的偏好势必存在很大的不同。在对以上两种不同的理念进行制度的安排势必获得完全不同的效果，而我国人口基数、国土面积都很大，社会分层也非常明显，基于这两种不同理念进行的实践更是会呈现非常明显的差异。目前我国正在加快服务型政府建设，坚持以公众为中心进行公共体育服务体系的构建具有非常重要的意义。

还有一点需要特别强调，中国体育事业是全民的事业，是可以展现中国特色社会主义优越性的一项伟大事业，也是最大限度体现公共性的事业。公共性的内涵可从三个维度阐述：第一，对全体公众开放，如公园、广场等物理空间，后来慢慢演变成一种权利，这源于公共性的本义；第二，特指在空间范围里人们的共同价值以及共同利益；第三，共同参与，特别是共同生产形式下的参与，公共产品供给效率会得到提升，体育事业的公共性属性和以公众为中心的理念更为契合。

二、构建公共体育服务体系要以公平公正、注重效率、统筹兼顾作为实践导向

（一）公平公正

公平公正作为政府价值范畴，主要会在社会的立法和执法方面得以体现，也就是说一定要尊重和保障每个人的政治权力，促使社会大众可以平等地获得各种资源，享受相同的服务。就像罗尔斯说的那样："每个人对平等的基本权利和基本自由之完全充分的范式都有一种平等的要求，该范式与所有人同样的方式相容，而在这一范式中，平等的政治自由能且只有它们能使其公平价值得到满足。"[①]

要想使各地的居民同样享有公共体育服务，就需要国家统筹规划，不管是在物质资源还是在人力资源方面，都要对其加大投入力度。公共体育服务要以增强人民体质为宗旨，将促进人民体质健康作为提高人民福祉的重要举措；公共体育服务资源应向全体公民开放，保障公民的基本权益；要实现基本公共服务的均等化。均等化实现要注意两个方面：一方面，政府在供给上要做到平均；另一方面，公众对公共服务的享受要均等。另外，要以政府为主导进行相关制度的制定，要鼓励社会各方

---

① 罗尔斯.政治自由主义[M].万俊人，译.南京：译林出版社，2002：5.

组成多元主体共同参与其中，以促进公共体育服务事业更好发展。

（二）注重效率

市场经济的发展容易使经济与社会出现非均衡的发展趋势，进而导致社会出现反向运动，人民追求公平公正的呼声越来越高，因此，在以人为本的理念下，人们更倾向将公平公正作为最关键的实践导向。不过，从政府在公共体育服务中分配的资源总量来看，资源的合理利用以及有效配置，对公平公正的实现具有非常重要的意义。人们应该也能意识到，注重效率并不是不公平、不公正的直接原因，实际上，对于一个负责任的政府来说，职能履行得有效且高效都是其应该追求的，但是要注意在实践操作中应以行政理念为导向，要坚持行政价值层面的原则，如果不考虑公民的基本权益以及集体利益，就可能会导致公平公正的丧失。

政府在公共体育服务建设中以注重效率作为实践导向，并不意味着只追求高效性，还要注意对公共服务本质进行把握，也就是说在提供公共体育服务的过程中，政府首先要坚持以人为本的原则，其次要以公众为中心、以满足公民体育需求为目的进行相关体系的构建。实际上，公共体育利益并不是将个人的体育利益叠加在一起，而是要坚持公平公正的原则，了解公民个体利益诉求，从而找出效率与公平的有力支撑。因此，在政府供给实践中，注重效率的原则要求均衡且科学地发展，在效率与公平的协调统一下对资源配置进行优化，从而进行公共体育服务体系的有效构建。

（三）统筹兼顾

构建公共体育服务体系不是一蹴而就的，而是要经历一个复杂且系统的构建过程的，政府要加强顶层设计，将建立和健全相关体制机制作为工作的重点，将以人为本作为价值先导，调整好公平公正和效率之间的关系，厘清公共体育服务的具体内容，明确责任主体以及供给主体，明晰程序及路径，制定建构路线图。随着《"十四五"公共服务规划》《"十四五"公共文化服务体系建设规划》《全民健身计划（2021—2025年）》等文件的颁发可以看出，政府十分关注公共体育服务建设，同时，正在对顶层设计工作进行不断强化。

要想促进公共服务体系的完善，缩小城乡公共服务的差距，进一步实现公共服务均等化，政府的相关部门必须牢牢把握公共体育服务发展进度，在制度层面上进行统筹兼顾，要制定合理的政策和法规，以跟上相关法律法规体系建设的步伐，在供给上体现出梯度和层次，并且确保制定的政策法规始终为公共服务均等化的实现而服务。随着公共体育服务不断发展，政策法规全面性及系统性的提升也成了需要关注的问题，要想解决这一问题，就要对各种法治资源进行协调，使其不仅可以达到社会主义法治建设要求，还能反映公共体育服务特点；不仅可以在立法、执法、监督等方面提供系统供给，还可以在体育组织建设、科学健身指导等方面做到均衡供给；不仅可以满足本土的发展需求，还应具备一定的国际法治视野；不仅要积极促进各行政部门供给作用的发挥，还要和教育、科技、卫生等各部门合作，达成协同供给；不仅要使国家政策法规的整体规划的作用充分发挥，还要调动地方政府及相关部门积极参与其中，从而通过上下联动形成合力，更好地进行公共体育体系的构建。

坚持统筹兼顾的原则，要求集合市场、社会等多方力量，以促进公共体育服务体系构建的良性发展。就像西方理论与实践证实的那样，公共体育服务不仅指政府的供给，还包括市场、社会的供给。市场供给就是在市场化的运作下，以体育企业作为公共体育服务的生产主体，从而使体育资源配置更加高效。

社会供给则是将社会团体作为供给主体，往往是以非营利性质的组织出现，这样的组织更能将自愿性质的社会资源聚合在一起。因此，政府需要对自身角色进行重新界定，身为治理主体，要聚焦顶层设计，注重对制度、规则的优化创新，努力完善政府职能，实现计划经济时期管制型政府向市场化条件下服务型政府治理模式的转变；改变社会与公民之间"自上而下"的单一"权力—服从"型关系；避免公共体育服务内容重叠；增强市场供给、社会供给的能力；从制度上来界定、规范非营利组织的建立与运作；建立法律法规进行保障。

统筹兼顾还要求从发展阶段和发展层次的角度对公共体育服务体系进行前瞻性的规划布局。要意识到公共体育服务的内涵并不是一成不变的，而是不断发展的，在不同的历史阶段以及不同的国情下，对公共体育服务的内涵甚至是内容进行界定，不只是进行事实的区分，还是对价值的一种判断。

因此，对基本和非基本公共体育服务之间关系的正确认识就显得极其关键。政府要基于真实的经济和社会发展水平，对服务的对象、覆盖水平、保障标准等进行合理的调整，从而保证体育供给和服务能够使社会大众的体育需求得到满足。所以，政府要在守住底线的前提下开展发展性的工作，从而使公共体育服务水平也能在经济不断增长的同时，得到不断提高。

此外，随着科技的进步、经济的发展以及社会需求的多元化发展，公共体育服务体系构建还要将很多变量以及影响因素考虑进去，从而上升到更高的层次，跟上时代的发展步伐以及符合文明进步的需求。

第二节　公共体育服务体系构建的路径

一、明确主体，加强监管，保证城市社区体育设施发展的管理成效

在城市社区体育设施建设中，要明确政府的主体地位，要充分发挥政府在建设道路中的职能以及对建设的投资范围进行规范。在此过程中，政府职能主要体现在管理及保障两个方面。前者指的是政府通过法律、行政等手段规划城市社区体育设施建设，并制定和完善相关的监督管理政策，后者是指要为其提供资金以及后期的保障，对政府投资范围进行界定，为体育设施建设提供资金，并与相关部门协调，按照规定的指标对建好的体育设施进行验收。

在城市社区体育设施建设中，要对其发展长效机制以及监督机制进行建立和完善。在社区体育设施的建设以及治理上，核心的问题就是要建什么以及怎么去建，要治理什么以及怎么去治理。因此，长效机制具有非常重要的意义。监督机制的完善则是要解决怎么使政府、社区组织等更好地发挥监督作用，怎么建立有效的监督机制等问题。

体育职能部门要明确职责，提高监督和管理水平。体育场地设施的建设以及监管主体应该是体育职能部门，因此，在建设过程中，体育职能部门要充分发挥自身的职能。其中，管理职能要求行政部门在了解了实际建设情况的前提下，进行相关政策的制定；监管职能要求行政部门不仅要参与建设规划，还要进行验收指标的制定，然后等到工程完工以

后，基于相应指标对建设设施进行验收。另外，体育职能部门还要对设施管理模式进行积极探索，从而使自身的管理水平得以提升。城市社区体育设施具有公共产品性质，因此，在进行资源的配置时，体育职能部门就可以按照市场供求机制进行优化配置。

市场经济体制的发展对于社区体育设施供给主体有了多元化的需求，虽然设施产权的所有权掌握在政府的手中，但更加需要多元化的主体参与管理。具体的管理模式分为两种。一种是政府购买服务管理模式。简单来说就是政府可以把社区体育设施服务对外承包，由具有专业性的运营商接手从而对其进行管理，同时，要通过招投标的方式选择最合适的代理人。在这种模式下，政府的角色发生了转变，具有了双重身份，就像在一场体育比赛中，政府同时扮演了运动员和裁判员两个角色。这样将市场竞争机制引入体育设施服务建设，不仅能够促进资源的优化配置，还能减少经费，并且将专业的事交给拥有专业技术的人，也能有效提高体育服务的质量和水平。另一种是用者付费的管理模式。在社区体育设施服务建设中引入用者付费机制，对于服务水平与质量的提升具有很好的促进作用。用者付费管理模式并不针对所有的公共物品，而是只针对像社区体育设施这样的准公共物品，这样的管理模式会使准公共物品的消费具有竞争性。这样一来，那些拒绝付费者就会被排除在外，这种模式能够有效弥补供给成本。

二、创新管理体制，激活农村公共体育设施供给环境

改变决策形式，通过"自上而下"和"自下而上"的结合做出更好的决策。从目前的公共体育设施供给实际情况来看，在农村地区，公共体育设施供给在决策形式上不会发生根本的改变。不过在建设过程中，要更加重视农民群众在体育设施方面的实际需求。我国农村区域大，民众的需求也更加多样化，因此，供给原则要坚持民族化以及区域化。要

转变以往的发展思路，充分考虑区域特征以及民众的实际需求，有针对性地进行体育设施供给。要对农民群众的体育需求予以重视，从而更好地进行设施供给，这样才能使体育设施的利用率得到提升。

改变管理形式，对管理制度以及产权机构进行改进和完善。要基于农村地区设施状况的特殊性，明确各主体的职能，进一步对管理进行强化。对主体间的产权分割、行政部门的管理义务等进行积极探索。

三、积极推进场馆管理体制改革，提高场馆供给公共服务能力

长期以来，事业单位管理体制一直对场馆供给公共服务具有一定的限制作用，因此，要以事业单位改革为参照，不断促进场馆管理体制的改革，制定相关的管理制度，使场馆供给服务水平得以提升。

中小型场馆主要的功能是提供体育服务，因此，可以将公益性质的事业单位改革作为依据，将事业单位保留下来，产生的费用由国家财政承担，场馆免费或者低价开放，从而为社会大众提供体育服务。大型场馆则需要提供基本和非基本两种公共服务，带有经营性质。在改革时可以以公益二类事业单位的改革作为参考，同样将事业单位保留下来，通过政府购买公共服务，或者下发补贴的方式提供支持。另外，可以成立相关的运营公司，或者是与专业的机构进行合作，建设市场运营机制，借助企业的优势，引入专业的市场开发人才，消除事业单位因财务以及编制管理方面可能对场馆运营产生的影响，使场馆的市场运营能力大大增强，从而更好地促进公共体育服务质量的提升。

场馆在进行改革时不管是以什么为参照，都要尽快对医疗、养老等社会保障制度予以完善。针对传统的事业单位，要对其社会保障体制进行改革，从而使场馆的运营在医疗保险、养老保险等方面的压力得以削减，使场馆的服务能力得到有效提升。

四、多管齐下，注重组织建设实效

公共体育服务体系建设除了可以直接组建相关的社团组织以外，还要通过多种策略对社团组织的发展环境进行改善，以不断推动社团组织的形成和发展。

（一）组织建设要联系体育文化建设

体育文化是对体育的行为以及价值进行深层次影响的要素，在宣传、弘扬的作用下，整个社会都乐于对全民健身的相关知识、技能以及意义进行传播，从而营造良好的体育锻炼的氛围。对体育文化建设的加强可以使人的体育意识得到提升，会对群众参与体育锻炼产生激励作用，同时，会促进社会群众组织、发展体育社团的能力得到提升。因此，在组织建设体育社团的过程中，必须意识到文化建设的重要作用，要把社团的建设和体育文化的建设联系在一起，积极发挥体育文化建设对于社团建设的带动作用，促使体育社团组织能够在体育文化的推动下更好地孕育和发展。特别是对于那些体育器物条件不佳的地区，体育文化的建设有着更大的基础性作用，因为凭借文化的力量可以从某种程度上有效弥补器物上的缺失，所以打破器物条件不好带来的局限性而获得更大的发展也是很有可能的。

（二）组织建设要联系体育人才建设

这里所说的体育人才包括所有社会体育指导员，他们是孕育和发展体育社团组织的根本力量，特别是那些社区基数大、结构松散的小型健身组织，凭借个人的资源以及个人能力的带动就可以使健身组织顺利运转下去。因此，在建设体育组织时，可以通过个人带动组织的方式，从社区中努力发现爱好健身，掌握相关知识、技能与资源的带头人，通过这些带头人进行社团组织的建设和发展。实际上，社会体育指导员不管是在健身的组织方面还是在指导方面，都有优于常人之处，因此，在发展体育社团组织时，也占有一定的优势。当然要注意，在建设体育社团组织时，社团组织的建设要和人才的建设联系起来，要尽可能识别和激励这些体育能人，建立相应的精英替补机制。原因在于依靠个人进行组织建设始终是存在很多不稳定因素的，要想使社团组织长期良性地运行下去，就必须建立相关的替补机制。这样才能不断有能人进入社团组织，发挥自身的价值为社团组织的建设和发展做出贡献，也能不断促进组织始终走良性的发展道路。

（三）组织建设要联系政府职能建设

体育社团组织本质上是发展群众在体育方面的社会力量。群众体育工作始终将调动社会力量以提升群众参与体育事业的积极性作为工作重点。长期以来，我国的群众体育事业主要是在政府推动下发展的，政府的力量毕竟有限，随着社会大众体育需求的不断提升，政府能提供的资源越来越难以满足社会大众的需求，这也是群众体育发展缓慢的原因之一；另外，政府直接参与群众体育发展，也和政府的职能不相符。因此，除了要不断推动社团组织建设以外，还要积极转变政府职能，将二者结合起来，从而更好地促进社团组织建设。转变以往仅依靠政府单方面的力量发展群众体育事业的方式，政府主要以引导者的角色不断调动社会群体的力量，使其积极地投入群众体育发展中去。

（四）组织建设要联系基层社区建设

体育社团是在社会关系上孕育和发展起来的。随着社区的发展和变化，传统的、流动性低的社区形态已经不复存在，取而代之的是新型的、流动频繁的社区形态。在传统社区形态下，社区成员之间因业缘、血缘、地缘等会产生比较频繁的互动，社区的整合程度比较高，这对于社团组织的构建是比较有利的。但是现代社区里的成员基本上都是因地缘维持关系的，社区成员在构成上存在很高的异质性，人与人之间关系比较生疏，所以很少进行互动，社区整合度低，因此，要想孕育和发展体育社团组织并不容易。对此，可通过对社会关系的优化，间接地促进社团组织建设。

（五）组织建设要联系体育场地建设

为了大力发展群众体育事业，我国体育管理部门曾经提出建设群众体育"三身边"的工作举措，即通过建群众身边场地、身边组织、身边活动而使群众体育真正地融入百姓的日常生活，使体育成为广大群众伸手就可及的事业。在"三身边"健身的长期作用下，我国的群众体育事业在场地设施、活动频次、组织质量等方面都有了很大改善。由此可见，体育活动以及设施场地方面的措施是比较容易贯彻的，又因为体育组织分散且形式复杂的特点，标准化的措施开展起来并不容易，且难以取得很好的效果。因此，可以转换以往的思路，在进行社团组织建设时，要联系体育场地建设，这样将有助于群众体育发展不断提升组织化水平。这时，人们就不得不面对这样一个问题——怎样将组织建设和体育场地建设联系起来呢？可以将场地设施作为契机，在建设场地设施时和挂靠组织联系，使每个场地的建设都有多个规范化的体育建设组织依附其上。将组织建设与场地设施建设关联，可以有效提升体育场地设施的利用率，并且还会因挂靠健身组织，促使体育场地设施的维护拥有组织化的力量，从而使体育场地能够得到更好的维护，以延长其使用年限。

五、公共体育服务发展规划突出通则性、操作性、模块化设计理念

公共体育服务发展规划为相关服务体系的建立提供框架与平台，规划的设计要突出通则性、操作性以及模块化的理念。其中，通则性就是说在设计规划时不要过多过细、无所不包，要注重突出规划的上位性、参照性、指导性的特点；注重和部委层面规划的衔接与配合，充分发挥规划的指导与约束作用，使各个阶层和地域的社会民众都能拥有平等的

权利。操作性是指规划要体现出有效性和长期性，从而使公共体育服务能够由部门负责，有规范可循；并且还要对各子规划、专项规划的衔接和联系进行深入研究，对层级关系有一个明确的认知，从而有效杜绝上层和下层规划不统一的情况出现，防止由于规划内容的重复而相互牵制、权责不明朗的情况出现，做到各规划之间联系紧密、操作便利以及重点突出。模块化指的是为了方便日后对固化指标进行分地区、分层次的应用以及方便日后对指标体系的修订和评估，要对规划指标单元进行模块化、系列化的建构，根据各层次、各不同地区的体育需求以及目前体育资源的配备，在组织、设施、政策等多个方面进行模块化转换的指导。这样的模块化设计不仅在基本策略、指导思想以及目标上保持协调，在具体的实施步骤、任务以及措施方面也具有实用性和高效性。

第三节　体育产业对公共体育服务的促进作用

一、对公共体育服务供给的促进

（一）促进供给效率

从当前公共体育服务存量来说，运转低效率体现在我国体育场地的开放率较低，另外，其他系统的开放率也不高，这使很多社会上的体育指导员无法发挥自身的体育指导作用；财政经费基本上都用在了系统内部，在体育事业的资金投入方面，政府所占投资比重太大，使资金的利用效率较低。因为没有了外部竞争带来的危机感，所以职能的划分不够清晰，从而导致权力交叉以及不履行职能的情况。由此可见，从管理效率上来看，公共服务体育管理的效率远远不及企业的管理效率。体育产业的发展除了可以引入外部竞争来提升管理效率以外，依靠外部市场的力量，通过签订协议或合约的手段也能有效提升管理效率。

（二）促进供给公平

公共体育服务始终将公平当作重点问题，要求必须在机会、结果以及过程上体现公平性。在这三个层面上，其中最关键的就是结果的公平性。原因在于机会与过程的公平性最终都是在结果的公平性上体现的。由此可见，要想实现公平性，就要先从合理分配公共体育服务出发，为公民的体育生活权提供一定的保障，使公民可以享有同等的体育服务。如今我国体育服务在投资主体上已经形成了多元化的趋势，在体育场馆的投资方面，有近 4.67% 都是由外商或者私人投资的，这些场馆的建成有效解决了我国体育场地人均面积不达标的问题，并且可以使广大人民群众获得更好的体育服务。

（三）丰富供给主体

公共体育服务供给主体是指直接参与公共体育服务提供或生产的实体。长时间以来，在计划经济资源配置惯性的作用下，我国的体育服务供给主体主要是相关的行政部门。但是就全球体育服务的发展来看，多个国家已经呈现出多元化供给主体的趋势，也就是说供给主体不仅限于政府以及相关的行政单位，还包括很多非政府组织、企业以及个人。这些供给主体以提供公共利益为目的，开展多项与体育服务相关的事务，因此，可被列入公共体育服务的范畴。同时，政府在政策上提供了很大的支持，通过制定相关政策鼓励和引导各方力量参与全民健身事业，促使很多小型企业在全民健身领域得到了很好的发展，也使我国体育服务供给主体得到了丰富，供给规模得到了壮大。

二、对公共体育服务需求的增加

体育产业对公共体育服务的促进效应不仅表现为对公共体育服务供给效率的提高、供给主体的增加和供给公平性的提升，也能促进对公共体育服务需求的增加。

（一）扩大服务人群

公共体育服务人群要具备普适性以及广博性的特征，这样可以引导更多的人参与公共体育，深切感受体育服务带来的益处。要想使弱势群体能够获得同样的公共体育服务，就要围绕与我国体育健身相关的优惠政策，要对我国建设的各种体育场馆设施进行充分利用，通过开发体育产业、社会资金募集、实行付费服务等方式使弱势群体获得公共体育服务。《体育彩票公益金管理暂行办法》规定，体彩公益金的60%用于全民健身计划，40%用于奥运争光计划。因此，各级体育部门都在体彩公益金中设立了专项经费，用于社会体育指导员培训、体育场馆建设、装备器材配置、服务补贴、表彰奖励和国民体质监测活动等。这些年来，利用公益金兴办的全民健身活动取得了很好的成果，为全民健身公益品牌做出了历史性的贡献。

（二）丰富服务内容

目前我国公共体育服务供给内容，主要还局限于一些简便易行的项目，如跑步、做操、羽毛球、乒乓球等，但是调查显示，实际上，我国市民对于服务内容的需求是比较多元化的，如建立健康档案、开通健康热线、提供健康指导等。从大众的这些诉求中可以看出，人们对于体育服务的内容有了越来越多的需求，希望能够获得多层次、多元化的服务，政府则是提供这些公共服务的主体。相关的研究表明，政府在进行了职能转型以后，准公共产品的生产不再只是政府的职权，而是授权给了很多私营企业，借助市场和社会的力量，通过委托和合作经营为体育服务生产出更多的公共产品。在政府力量有限的情况下，通过这种市场资源配置的方式发展体育事业，可以使体育服务内容更加丰富，使广大人民群众的体育服务需求得到更好的满足。

（三）提升服务质量

随着社会经济的发展，人们的生活质量得到了不断提高，人们对于体育服务的需求也在不断增加，为了更好地满足大众的体育服务需求，提高公共体育服务质量就成了非常重要的一点。我国的公共体育服务还需要进一步加强。我国政府要想成为服务型政府，就要多听听广大民众的声音，了解他们的需求，从而高效提升自身的公共体育服务的质量。在此过程中，市场力量的引入可以有效保证公共体育服务向规范化、流程化的方向发展，从而更好地提升公共体育服务质量。

公共体育服务质量的提升，关键是引入市场理念，从而对相关的管理体系进行完善，同时，还能借助外部市场的力量促进体育服务产品运营体系的完善。

1. 对公共体育服务管理体系完善的促进——引入市场理念

市场理念是一种企业的思维方式，是企业处理自身、顾客与社会三者之间关系的经营思想和战略。发展体育产业可以通过外部竞争，促使公共体育服务管理体系内部通过重组机构、升华理念等方式，提高公共体育服务的效率和效益，具体表现在以下六个方面。

（1）专业理念。在组织结构中，专业化是非常重要的一个维度，它是利用业务模块化、消除非关键业务组件、利用现有外部专家等方式实现组织专业化，这样可以有效提升企业应对外部市场的快速反应能力，还能提升对于内部工作进行组织的效率。在公共体育服务管理中，要求机构做到专业化，实际上就是要求对政府和市场的职能进行重新界定，从而在市场化的基础上对政府的职能进行重组。我国的公共体育服务管理要改变以往的集中配置的方法，把政策制定和服务提供分离开来，将相关的审批权进行下放，缩减公共体育服务供给机构的数量，使其相对更加专注公共体育服务政策制定、产品规划，以及见效慢、周期长的公共体育服务产品，如学校体育、竞技人才培养等。对于机构内部的工作人员，也要专业化、规范化管理。实行定期培训和轮训；推行雇员制，对事不对人，养事不养人；加强绩效考核标准，实行末位淘汰制，提高他们的工作效率，调动他们的工作积极性。

（2）顾客导向理念。"顾客导向"的原意是企业基于顾客的需求进行组织生产或提供所需的服务，然后通过优质的产品和服务得到客户的满意。对于一个企业来说，顾客导向是企业生存与发展的基石。以顾客为导向的公共服务理念的引入要求，以政府为主的公共体育服务供给部门在公共体育服务产品与服务的供给和政策的制定过程中，要充分重视公众的公共体育需求，以民为本，持续不断地通过公众接触、公开听证、民意调查等多种方式了解公众对公共体育服务的需求，强化政府责任意识，提高公共体育服务供给水平。

（3）价格理念。市场经济是通过价格杠杆实现资源合理配置的，进行经济体制改革，目的就是协调政府和市场的关系。政府积极购买公共服务，可以大大促进服务型政府的建设。政府从社会和市场去购买服务，由社会力量进行体育服务的供给，政府则根据服务的水平支付相应的费用。体育设施管理单位如果提供了一定的服务，就可以适当收取费用，在实际提供公共体育产品以及服务时，会基于主体性质来确定价格：第一，政府投资建设的体育场馆，应由政府进行定价，获得的资金用于管理人员的工资、水电费、设备维修费、设备折旧费等支出；第二，以政府出资为主，与其他经济组织或个人合建的体育设施，管理单位从事经营服务，其收费实行政府指导价，政府给予适当的补贴或政策优惠；第三，完全由企业提供的公共体育产品与服务，应该由政府出资购买。公共体育产品与服务定价要合理，这样才能使政府资源配置的效率得到提升，并激发市场投资的积极性，同时，还能有效降低人民群众的使用成本，方便更多的市民参与体育健身，进而提高服务人员的服务质量。

（4）成本理念。成本理念就是说要注意对成本的控制，以保证成本降到最低水平，并且一直维持在最低水平。企业之所以会注重成本理念，是因为想要尽可能提升资金的使用效率，从而获得最大化的经济利润。我国公共体育服务的资金主要来源于政府的拨款以及通过体育彩票获得的公益资金。如今，体育服务经费一直在提高，政府对于其建设经费的投入为人民群众能够获得良好公共体育服务提供了资金上的保障，但是政府经费毕竟也是有限的。引入成本理念，可以使政府在进行公共体育服务供给方面将有限的经费用于解决公共体育服务中的重大问题上，从而提升资金的使用效率。具体做法：通过政府部门之间的竞争，引入非政府组织、企业多元公共体育服务主体提高竞争效率；通过公共体育服务绩效结果的量化评估和社会监督等方式监控资金使用效益；通过机构的精兵简政，力戒政府在公共体育服务管理活动中的铺张浪费行为。

（5）效率理念。企业面对着外部的激烈竞争，以及对于利润最大化的追求，会通过多种方式促使经营效率提升，如劳动分工、资源配置、激励机制的制定等。对于我国的公共体育服务事业来说，要想提高服务效率，就必须先对我国目前的管理体制进行改革，对内要明确我国政府各职能部门的职责，对外要处理好政府和非政府组织之间的关系。以政府为首的内部服务组织要树立人力资本的意识，要制定合理的激励机制，还要对组织层级以及办事的程序进行简化，从而有效提高体育服务的效率。

（6）效益理念。对于管理来说，效益是永恒的主题，效益是系统有效产出和全部投入的比。对于任何一家企业来说，之所以会进行管理，是因为获得经济效益以及社会效益，效益会对企业造成直接影响，同时，效益也是企业组织活动效果的体现。在公共体育服务方面，效益指的是公共体育服务运营管理部门提供公共体育产品与服务的政治效应和社会效益。在整个公共体育服务中，都要注重公共体育服务效益，它不但可以对公共管理者的绩效目标进行检验，而且在检验政府职能发挥方面，也是非常重要的客观指标。目前，我国要不断加强支出绩效评价，建立评价结果与预算编制相衔接的激励约束机制，从而使体育服务资金使用效益得到提升。

2. 对公共体育服务产品运营体系完善的促进——引入市场力量

发展体育产业促进公共体育服务水平提高，意味着政府将不再是公共体育服务供给的唯一主体，政府将充分借助发展体育产业调动市场和社会的力量，完善公共体育产品和内容体系，满足人民群众的公共体育需求。具体可从以下三个方面着手实施。

（1）特许经营。政府为公共项目的建设和经营提供特许，由民间公司或外国公司作为项目的投资者，安排融资，承担风险，开发建设，并在有限的时间内经营该项目，以获取商业利润，最后根据协议将该项目回交给政府机构。特许经营在体育领域，尤其是大型公共体育场馆建设运营中较为普遍，由中华人民共和国建设部（现为中华人民共和国住房和城乡建设部）2004年颁布的《市政公用事业特许经营管理办法》明确指出文化、体育场馆设施的特许经营模式。大型公共体育场馆建设资金投入量大，要确保大型公共体育场馆建成后满足广大人民群众健身的需求，防止大型公共体育场馆过分商业化。例如，于2008年建的体育场馆——鸟巢，就是在北京奥组委的主持下建成的，而真正施工单位是国家体育场有限责任公司，北京市政府授予其30年的特许经营权，主要负责的工作是国家体育场的融资、建设、管理、移交等。特许经营权在属于准公共产品的大型体育赛事中也得到了广泛的应用。当前奥运会、全运会等大型体育赛事的运营中，特许经营已成为筹集资金的重要手段。

通过将国际奥委会和北京奥组委的标志授予相关企业使用，仅通过特许经营，2008 年北京奥运会就筹集了近 14 亿美元。由此可见，特许经营可以为体育赛事的运作解决资金问题。

（2）服务订单采购。服务订单采购是指政府基于大众的体育需求，利用定向或者是招投标的形式购买体育服务，以满足大众的需求。购买公共体育服务的资金由政府出，市场及社会则负责根据政府给出的目录提供专业性的服务，从而使大众获得体育服务，这样的公共体育服务供给方式已经开始慢慢流行起来。由市场、社会提供的体育服务更加具有针对性和专业性，同时还能有效控制政府的行政成本，有助于我国政府机构人员的精简，促进我国政府职能的转型。政府在通过订单进行体育服务采购时，要注意购买的服务是否必要且可行，再进行招标采购细则、监管细则、考核细则等多种细则的制定，从而确保不会因此产生利益纠纷。

（3）有所谓使用者付费，就是说由政府对某些产品、行为或者服务进行定价，然后由使用者或者是享受服务的人支付相应的费用，从而将成本收回来。这样做的目的就是在公共服务中引入市场机制。使用者付费的方式可以有效解决资源配置不合理问题，同时，能促进资源的高效利用，解决政府的财政危机。如今人们的生活水平逐步提高，很多高端的运动项目如赛车、水上运动、高尔夫等都已经开始由小规模且只针对特定群体转变为全民性的休闲项目，但是，开展这些项目往往会挤占很多公共社会资源。在体育信息传播方面，世界杯、奥运会等国际性的赛事在我国的转播权费用也在不断上涨，要想转播这些赛事，电视台需要支付很大一笔播出费用，使政府在体育领域的财政压力大大上涨。因此，政府以及相关的主管部门在提供公共体育服务时引入市场机制，使用者付费可以有效提升资源的使用效率，并且能够缓解国家的财政压力。

第三章　全民健身与公共体育服务体系

全民健身服务为群众提供了一个公益性的体育锻炼平台，全民健身服务体系的构建为全民健身服务打下坚实基础，具有深远的意义。对全民健身发展的路径进行研究，可以更加明确，在全民健身背景下的公共服务体系的构建的具体措施和方法。

第一节　全民健身服务体系的构建及意义

一、全民健身服务体系的构建

由于社会和政府部门对群众健康的关注，全民健身服务体系为群众的健康提供了一个具有公正性、公平性、公益性的体育锻炼平台，这个平台有利于保障人民群众的健身服务需求得以满足。同时，全民健身服务体系是一个由政府、行业、社区等多方位层次合作组织的多元化服务体系，并且在多个单位合作下整合，有利于优化群众体育健康发展资源。在不同的资源相互制约和影响的情况下，该体系可使整体的服务体系和管理水平的效益发挥到最大作用，使体育健康在群众中发挥更好的作用。全民健身服务包括健身设施服务、健身组织服务、体质监测服务、健身指导服务、体育活动服务、信息咨询服务。

二、全民健身服务体系构建的意义

全民健身是人民幸福生活的重要基础，是衡量现代化程度的主要标志。2022年3月，中共中央办公厅、国务院办公厅印发《关于构建更高水平的全民健身公共服务体系的意见》(以下简称《意见》)。这是贯彻习近平总书记关于体育工作重要论述和指示精神的系统谋划，是新时代高质量实施全民健身国家战略的顶层设计，对于体育强国和健康中国建设具有重要意义。为推动《意见》落实见效，必须完整、准确、全面贯彻新发展理念，引领全民健身公共服务体系建设不断迈向更高水平。

在探索全链条创新、释放全民健身持久动能的过程中，创新不仅是引领发展的第一动力，也是全民健身的动能之源。体制机制创新让全民健身事业更具活力和创造力，供给方式创新让健身需求得到更好满足，空间载体创新让健身变得更加便捷，科技创新让健身更为科学有效。《意见》提出了推进全民健身全链条创新的举措。

（一）创新体制机制

创新体制机制的重点是理顺体育行政机关、单项体育协会、群众自发性健身组织的关系，健全全民健身组织网络。

（二）创新供给方式

将全民健身纳入社区服务体系，引导体育组织和赛事进社区。发展公益社会体育指导员和群众体育教练员队伍，完善"硬软件"标准，以专业化、标准化实现科学健身。

（三）创新空间载体

跳出"场馆思维"，建设体育健身元素突出、与自然生态融为一体、兼具生态环境和休闲娱乐等功能的体育公园，建设户外运动营地、登山道、徒步道、骑行道等多样化的新载体。

（四）创新科技支撑

运用物联网、云计算等技术，建设国家全民健身信息服务平台，促进体育场馆活动预订、赛事信息发布、经营服务统计等的整合应用发展。

第二节　全民健身发展的路径研究

一、加强"四有"建设，培养终身运动习惯

在我国从体育大国向体育强国迈进、体育产业高质量发展的新形势下，全民健身发展需要创新发展模式，加强"四有"建设。

以扩大体育人口为核心，加强全民健身宣传工作，使全民健身理念深入人心，让运动成为一种习惯。

例如，澳大利亚的"找30分钟"运动（每人每天抽30分钟进行锻炼）；法国的"3个8"运动（游泳80米，跑步800米，步行8000米）；美国的"总统体育奖"制度（参加规定的锻炼后获总统签署的证书）；德国的"家庭体育奖章"制度（动员全家参加）；法国的"大众体育奖状"制度；比利时的"每家一千米"计划（家庭成员跑步不少于1千米）。

此外，培育新的消费业态、加强体育技能培训、加强体育载体建设也是推进全民健身发展的有效途径。

二、推进全民健身与数字化深度融合，打造十分钟健身圈

目前，我国已进入5G发展时期，全民健身发展也迎来了良好的数字化发展机遇。截至2022年12月，我国网民规模为10.67亿人，电子政务发展指数为0.8119，迈入全球领先行列。数据已成为生产要素，信息技术在推进现代化治理中作用越发突出，数字化治理成为全民健身等

社会治理的必由之路。

目前，浙江、广州、深圳等省市逐步开展全民健身数字化建设工作，取得了不错的成效。

例如，某科技公司运用在政府数据服务领域 20 余年的专业经验，深挖政府开放数据，整合社会资源，开发"健身圈"产品，通过健身地图、云健身、设施维护和体育培训等数字化场景，解决居民健身难、健身贵的问题，有效整合社会各类资源，助力政府部门实现体育公共服务数字化管理，提升资源利用效率，降低社会成本，提高公共效益。

三、坚持供需两端发力，推动全民健身发展

从扩大体育供给来看，一是大力发展运动项目产业：吸引社会力量广泛参与，丰富竞赛表演、健身指导、技能培训等各类产品和服务。二是支持有条件的运动项目打造规则明晰、层次多样、群众喜爱的赛事活动体系。三是推动建设体育新空间、创造体育消费新场景。打造一批特色鲜明、服务功能完善、经济效益良好的体育服务综合体。

从挖掘体育消费潜力来看，一是促进体育消费提质扩容，积极培育智能、时尚消费等新模式、新业态。二是加强体育培训，引导企业通过"互联网＋培训"等模式，持续提高居民的体育运动技能和水平。三是加快线上与线下互动融合，开发满足群众居家健身、线上观赛参赛等需求的产品和服务。

《全民健身计划（2021—2025 年）》提出，逐步形成信息发布及时、服务获取便捷、信息反馈高效的全民健身智慧化服务机制。例如，某科技公司专门开发数字体育智慧服务平台，面向体育政府管理部门，引入云计算、大数据、人工智能等新技术，全面整合体育大数据，按照兼容扩张、互联互通、集成应用、移动展示的原则，着力夯实政务大数据治理能力，加快推进政务数字化转型在体育产业监测、行业监管、公共服

务等的业务应用。

项目构建要以智慧体育大数据中心为基础，建设具有本地特色的智慧全民建设服务平台、智慧体育资源管理平台、智慧体育消费监测平台、智慧体育产业监测平台、智慧体育行业监管平台和智慧体育舆情监测平台，实现全民健身一网统管，为赛事活动、健身指导、体质评估、场馆高效利用、体育公共服务等提供数字化支持。

第三节　全民健身背景下公共服务体系的构建

一、公共服务体系构建的总体要求

（一）公共服务体系构建指导思想

要以习近平新时代中国特色社会主义思想为指导，坚持以人民为中心，贯彻新发展理念，以增强人民体质、提高全民健康水平为根本目的，深入实施全民健身国家战略，全面推进健康中国建设，进一步发挥政府作用，激发社会力量积极性，优化资源布局，扩大服务供给，构建统筹城乡、公平可及、服务便利、运行高效、保障有力且更高水平的全民健身公共服务体系。

（二）公共服务体系构建工作原则

第一，覆盖全民，公益导向。健全促进全民健身制度性举措，扩大公益性和基础性服务供给，提高参与度，增强可及性，推动全民健身公共服务体系覆盖全民、服务全民、造福全民。

第二，科学布局，统筹城乡。以需求为导向配置全民健身公共服务资源，引导优质资源向基层延伸。对接国家重大战略，促进全民健身公共服务城乡区域协调发展。

第三，创新驱动，绿色发展。强化资源集约利用和科技支撑，推动体制机制改革和供给方式创新。打造绿色便捷的全民健身新载体，促进全民健身与生态文明建设相结合。

第四，政府引导，多方参与。发挥政府保基本、兜底线的作用，推进基本公共服务均等化，尽力而为、量力而行。激发社会力量积极性，推动共建、共治、共享，形成全民健身发展长效机制。

（三）公共服务体系构建主要目标

到 2025 年，更高水平的全民健身公共服务体系基本建立，人均体育场地面积达到 2.6 平方米，经常参加体育锻炼人数比例达到 38.5%，政府提供的全民健身基本公共服务体系更加完善，标准更加健全，品质明显提升，社会力量提供的普惠性公共服务实现付费可享有、价格可承受、质量有保障、安全有监管，群众健身热情进一步提高。

到 2035 年，与社会主义现代化国家相适应的全民健身公共服务体系全面建立，经常参加体育锻炼人数比例超 45%，体育健身和运动休闲成为人们的普遍生活方式，人民身体素养和健康水平居于世界前列。

二、完善支持社会力量发展全民健身的机制

（一）健全全民健身组织网络

积极稳妥推进体育协会与体育行政部门脱钩。体育行政部门要加强对体育社会组织的政策引导和监督管理。全国性单项体育协会要加强与会员单位的联系，完善相关标准规范。支持全国性单项体育协会积极发展单位会员，探索发展个人会员。将运动项目的推广普及作为对单项体育协会的主要评价指标。支持党政机关、企事业单位、学校常态化制度

化组织健身活动。鼓励发展在社区内活动群众的自发性健身组织。

（二）夯实社区全民健身基础

将全民健身公共服务纳入社区服务体系，培育一批融入社区的基层体育俱乐部和运动协会。在社区内活动的、符合条件的基层体育组织可依法向县级民政部门申请登记。在社区设立健身活动站点，引导体育社会组织下沉社区组织健身赛事活动。实施社区健身设施夜间"点亮工程"。

（三）推动更多竞技体育成果全民共享

推动体育系统管理的训练中心、基地、体校的健身设施以及运动康复等服务向社会开放。促进国家队训练方法、日常食谱、康复技巧等实行市场化开发和成果转化。建立国家队、省队运动员进校园、进社区制度，现役国家队、省队运动员每年要在中小学校或社区开展一定时间的健身指导服务。建立面向全社会的体育运动水平等级制度，健全服务全民健身的教练员、裁判员评价体系。建立高水平运动队帮扶基层体育社会组织的机制。

三、推动全民健身公共服务城乡区域均衡发展

（一）按人口要素统筹资源布局

加大全民健身公共服务资源向基础薄弱区域和群众身边倾斜力度，与常住人口总量、结构、流动趋势相衔接。完善农村全民健身公共服务组织网络，逐步实现城乡服务内容和标准统一衔接。鼓励有条件的城市群和都市圈编制统一的全民健身规划，促进区域内健身步道、沿河步道、城市绿道互连互通，健身设施共建共享。

（二）优化城市全民健身功能布局

超大特大城市中心城区要推广功能复合、立体开发的集约紧凑型健身设施发展模式。大中城市要加强多中心、多层级、多节点的全民健身资源布局建设，打造现代时尚的健身场景。县城城镇化要同步规划、同步建设健身设施。老城区要结合城市更新行动，鼓励运用市场机制盘活存量低效用地，增加开敞式健身设施。新建城区要结合城市留白增绿，科学规划社区全民健身中心，建设与生产生活空间相互融合、与"绿环—绿廊—绿楔"相互嵌套的健身设施。

四、打造绿色的、便捷的全民健身新载体

（一）打造群众身边的体育生态圈

实施全民健身设施补短板工程，建设全民健身中心、公共体育场、社会足球场等健身设施，加强乡镇、街道健身场地器材配备，构建多层级健身设施网络和城镇社区 15 分钟健身圈。新建居住区要按室内人均建筑面积不低于 0.1 平方米或室外人均用地不低于 0.3 平方米的标准配建公共健身设施，纳入施工图纸审查，验收未达标不得交付使用。支持社会力量建设"百姓健身房"，鼓励有条件的企事业单位利用自有资源建设共享健身空间。建设国家全民健身信息服务平台。

（二）拓展全民健身新空间

制定国家步道体系建设总体方案和建设指南。支持依法利用林业生产用地建设森林步道、登山步道等健身设施。推进体育公园建设，推动体育公园向公众免费开放。在现有郊野公园、城市公园中因地制宜配建一定比例的健身设施。在符合相关法律法规、不破坏生态、不妨碍行洪和供水安全的前提下，支持利用山地森林、河流峡谷、草地荒漠等地貌，建设特色体育公园，在河道湖泊沿岸、滩地等地建设健身步道，并设立

必要的预警设施和标识。

（三）完善户外运动配套设施

加强冰雪、山地等户外运动营地及登山道、徒步道、骑行道等设施建设。加强户外运动目的地与交通干线之间的连接，完善停车、供电、供水、环卫、通信、标识、应急救援等配套设施。公共户外运动空间可配套建设智能化淋浴、更衣、储物等设施。支持建设符合环保和安全等要求的充气膜结构健身馆等新型健身场地设施。

（四）推进健身设施绿色低碳转型

开展公共体育场馆开放服务提升行动，推广绿色建材和可再生能源使用，实施节能降本改造，加快运用5G等新一代信息技术改进场馆管理和赛事服务。制定绿色体育场馆运营评价通用规范。控制大型综合体育场馆的规模和数量，鼓励有条件的地方建设高品质专项运动场馆。体育场馆建设要与城市风貌、城市文脉、城市精神相适应。户外运动设施不能逾越生态保护红线、不能破坏自然生态系统，要充分利用自然环境打造运动场景。

（五）推动健身场地全面开放共享

事业单位和国有企业要带头开放可用于健身的空间，做到能开尽开。已建成且有条件的学校要进行"一场两门、早晚两开"体育设施安全隔离改造；新建学校规划设计的体育设施要符合开放条件。鼓励学校体育设施对社会开放，实行免费或低收费政策。支持第三方对区域内学校体育设施开放进行统一运营。鼓励私营企业向社会开放自有健身设施。

五、构建多层次、多样化的赛事活动体系

（一）支持社会力量举办赛事

公开全国综合性运动会和单项体育赛事目录及承接标准，引入社会资本参与承办赛事。优化体育赛事使用道路、空域、水域、无线电等行政审批流程。修订《大型群众性活动安全管理条例》，推动体育赛事活动安保服务社会化、市场化、专业化发展。

（二）培育赛事活动品牌

建立分学段、跨区域的四级青少年体育赛事体系。建立足球、篮球、排球业余竞赛体系。加快发展以自主品牌为主的体育赛事体系，培育形成具有世界影响力的职业联赛。支持打造群众性特色体育赛事，举办城市体育联赛。鼓励群众自发性健身组织举办广场舞、健步走、棋牌等健身活动。

（三）推动户外运动发展

编制户外运动产业发展规划。推动自然资源向户外运动开放试点，制定在可利用的水域、空域、森林、草原等自然区域内允许开展的户外运动活动目录。推动户外运动装备器材便利化运输。鼓励户外运动装备制造企业向服务业延伸发展。

（四）加强赛事安全管理

落实赛事举办方安全主体责任，严格赛事安全监管责任，对于责任履行不到位的，依照有关规定严肃追责问责。配足配齐安保力量，强化安保措施，确保各类赛事活动安全顺利举办。建立户外运动安全分级管控体系，分类制定赛事安全标准。制定政府有偿救援标准。支持保险和商业救援服务发展，培育民间公益救援力量。加强户外安全知识教育，引导群众科学认识身心状况、理性评估竞技能力、正确应对参赛风险。

六、夯实广泛参与全民健身运动的群众基础

（一）落实全龄友好理念

建立适合未成年人使用的设施器材标准，培养未成年人参与体育项目的兴趣。推动公共体育场馆向青少年免费或低收费开放。为老年人使用场地设施和器材提供必要帮扶，解决老年人运用体育智能技术困难问题。创造无障碍体育环境，为残疾人参与全民健身运动提供便利。

（二）培养终身运动者

实施青少年体育活动促进计划，让每个青少年都较好掌握一项以上运动技能，培育运动项目人口。开齐开足上好体育课，鼓励基础教育阶段学校每天开设一节体育课。支持体校、体育俱乐部进入学校、青少年宫开设公益性课后体育兴趣班。支持学校、青少年宫和社会力量合作创建公益性体育俱乐部。

（三）提高职工参与度

按职业类型制定健身指导方案。发挥领导干部带动作用，组织开展各类健身活动。鼓励机关、企事业单位配备健身房和健身器材。发挥工会作用，鼓励工会每年都组织各类健身活动，并将此纳入工会考核内容。鼓励按照《基层工会经费收支管理办法》规定，使用工会经费为职工购买健身服务。

七、提高全民健身标准化、科学化水平

（一）完善全民健身公共服务标准体系

制定全民健身基本公共服务国家标准并动态更新。健全全民健身场地设施、器材装备等标准。修订乡镇、城市公共体育设施规划标准。研究制定城市公共体育场、体育馆、游泳馆建设标准。加强运动技能、赛

事活动、体育教育培训等体育服务领域标准的制定与修订。建立健全全民健身公共服务统计监测制度。

（二）提高健身运动专业化水平

修订《社会体育指导员管理办法》，发展公益社会体育指导员队伍，指导其依法开展健身志愿服务活动。推动持有职业资格证书的社会体育指导员与教练员职业发展贯通，完善群众体育教练员职称评审标准。深入实施《国家体育锻炼标准》。完善《全民健身指南》。

（三）深化体卫融合

制订实施运动促进健康行动计划。建立体卫融合重点实验室。鼓励有条件的医疗机构加强以体育运动康复为特色的专科能力建设。推动国民体质监测站点与医疗卫生机构合作，推广常见慢性病运动干预项目和方法，倡导"运动是良医"的理念。

八、营造人人参与体育锻炼的社会氛围

（一）普及全民健身文化

将全民健身理念和知识融入义务教育教材。打造一批科学健身传播平台，加大全民健身公益广告创作和投放的力度。发挥体育明星正能量作用，弘扬中华体育精神。推广体育文化创作精品工程。加强体育非物质文化遗产保护。

（二）强化全民健身激励

向国家体育锻炼标准和体育运动水平等级标准达标者颁发证书。鼓励有条件的地方发放体育消费券。建立第三方评估机制，定期公开发布全民健身城市活力指数。

（三）开展全民健身国际交流

以 2022 年北京冬奥会、冬残奥会等国际赛事为契机，加强全民健身领域的国际交流合作。与其他国家搭建合作平台，进而共同举办群众性体育赛事。加强中华传统体育活动国际交流，支持中华传统体育项目走出去。

第四章　体育资源均衡配置的实践路径

结合本书前三章内容阐述的观点，不难发现在公共体育服务体系科学构建背景之下，确保公共体育资源实现均衡配置是一项极为系统的工程，其中，既要在供给层面做出合理规划，制订切实可行的实践计划，又要针对其均衡配置的总体情况做出系统化监督与评价，由此方可确保公共体育资源均衡配置路径具有高度的可实现性。本章内容就以上述各要素为中心，逐一针对其具体实践做出明确阐述。

第一节　体育资源供给路径规划

一、法律层面的供给

法律不仅仅是国家各项事业有条不紊全面开展的基本保障，更是维护各项事业始终保持又好又快发展局面的重要"武器"。面对当今时代背景下全社会公共体育资源需求日益增加的严峻局面，公共体育资源均衡配置要面对的挑战变得更加严峻。在该社会背景之下，需要法律层面为之提供强有力的供给，从而打造极为理想的法律环境，以保证公共体育资源均衡配置各项工作能够在规范的环境下有序进行，具体供给路径如下。

（一）全面加强体育资源共享与配置的立法体系建设

1954 年，《中华人民共和国宪法》已经明确了"立法体制"和"程序建设"两项内容，立法机关和法律制定程序由此确立，而这也标志着中华人民共和国立法体系由此建立，为全国各项事业飞速发展提供强有力的法律保障。伴随中国体育事业的蓬勃发展，竞技体育、学校体育、群众体育事业发展进程不断加快，公共体育资源的需求也日益凸显，而这也促进了中国体育产业的全面形成与发展。其中，体育资源均衡配置发挥着关键的作用，打造适合不同时代背景的公共体育资源共享与配置法律环境显然已经成为一项重要工作。在此期间，加强立法体系建设要放在公共体育资源均衡配置法律层面供给的首位。

立法流程，即要根据《中华人民共和国宪法》关于"立法体制"和"程序建设"的明确规定，由全国各级人大常委会经过商讨和决议，制定关于全面加强体育资源共享与配置的相关法律法规，并提交至上级人大常委会审核通过，最终出台有关法律法规，以确保体育资源共享与配置能够推进当地体育产业和体育经济的高质量发展，并对全国体育事业的又好又快发展提供重要的法律保障。

除此之外，在"程序建设"过程中，还要明确指出立法的前提是了解时代与社会发展的大背景和大环境，以满足区域公众对体育资源的迫切需求和推进国家体育事业全面发展为根本宗旨，由此确保立法机关在立法过程中始终保持遵循经济与社会发展的客观规律和实事求是的立法态度，为公共体育资源均衡配置提供理想的法律环境。

（二）根据地方公共体育需求情况制定并出台相关法律

就当前中国体育事业发展的总体模式而言，"举国体制"一直是中国体育资源配置与组织的主要方式，强调政府在体育事业发展道路中的主导性。对此，这也意味着公共体育资源配置的方式以政府为主导，以公众的切实需求为根本导向，以此确保公共体育资源配置能够实现均衡化，最终体现出资源配置本身具有高度合理的特点。

在此期间，各级政府有关部门要立足公共体育资源社会需求情况，通过当地立法机关制定并出台相关政策性法律法规，为全面满足当地公共体育资源的社会需要和高效率使用提供重要的保障性条件。具体而言，随着中国老龄化进程的日益凸显，以及工作与生活的节奏不断加快，人们对社会公共服务资源的渴望愈加强烈。针对此种情况，全民健身步道的建设与维护、休闲体育公园和广场的设计与建设、10分钟健身圈的打造就成为地方体育资源配置的主要努力方向。国家层面应以中国田径协会为主体，联合国家立法机构制定并出台相关政策性法律法规，如《中国田径协会健身步道审定管理办法（试行）》等，各省、自治区、直辖市要以该政策性法律法规为导向，再结合当前所辖区域人口数量和相关体育资源的需求程度调研结果，通过立法机构制定并出台适用于所辖区域的相关政策性法律法规，以此确保地方公共体育资源建设与开发的力度始终与公众需求相吻合，并且为公共体育资源始终保持有效供给提供强有力的法律支撑条件。

（三）立足时代发展背景下公众体育资源需求全面优化相关法律

从时代发展的本质出发，就是经济与社会发展的大环境发生变化，要在环境变化中不断催生新的事物，以满足社会发展的需要。人作为社会的主宰，不仅会以最快的速度适应经济与社会发展大环境，还会从中不断形成新的需要，进而加快经济与社会发展的步伐。公共体育资源的需求正是其中的一项，能否全面满足社会的需求，会对经济发展带来直接影响。对此，在公共体育资源均衡配置的实践路径中，法律层面的供给就要将其作为重要立足点，将能够确保公众体育资源需求得以满足的相关法律予以优化。

首先，要从法律体系的结构入手，针对公共体育文化资源保护与开发、公共体育设施管理、公共体育服务管理等多维度不断进行结构性的深化，确保公共体育资源无论是在设计与开发阶段，还是在推广与应用阶段，都能有强大的法律保障。

其次，要针对有关法律条文进行不断优化，通过不断科学整合的方式，让法律结构内部有关法律条文能够立足时代发展大背景，明确指向于某一类公共体育资源的开发与保护，不仅可以为公共体育资源体系整体建设提供强大的法律盾牌，还能为实现高水平的均衡配置提供法律基础。

最后，要将优化的法律结构和法律法规具体内容进行深度细化，确保其内容能够与当代公众体育资源的整体需求相一致，进一步做到公共体育资源均衡配置的有关法律法规不仅服务于民，还能服务于中国体育产业和体育事业的高质量发展。

二、制度层面的供给

毋庸置疑，各项制度都具有鲜明的指导性、约束性、鞭策性、激励性、规范性及程序性特征，是各项事业实现高质量发展的重要保证。由于公共体育资源均衡配置在中国体育事业实现高质量发展中作用极为突出，为之提供制度层面的供给势在必行，以下内容就针对公共体育资源均衡配置的制度供给路径做出论述。

（一）政府部门大力出台公共体育资源管理制度

面对中国市场经济的发展，体育资源均衡配置要始终保持高度顺应时代发展大趋势，以最大限度发挥推动体育产业又好又快发展的作用为途径，全面加快中国市场经济高质量发展的步伐。在此期间，公共体育资源管理工作的高质量开展应作为至关重要的一环，政府部门和体育事业发展的有关主管部门必须将大力出台公共体育资源管理制度视为工作重点，为公共体育资源均衡配置提供基础的制度保障。

制度结构应呈现出全面化和具体化两个基本特征，全面化主要指向对公共体育资源的统筹管理，并凸显协同参与的特点，让其管理过程能够充分彰显出全局观。具体化主要指向资源管理工作的细节，让其管理过程的规范性与严谨性始终保持环环相扣。制度结构既要包括信息披露制度和人力资源引进制度，又要包括社群参与等制度，在彰显公共体育资源管理工作科学化与专业化开展的同时，充分体现面向大众和面向未来的特色。

在这里，需要特别强调在体育资源供给侧改革方面不断出台维持公共体育资源"供"与"求"平衡的相关管理制度，让公共体育资源的数量、质量、种类始终和地区社会经济和发展水平相一致，确保公共体育资源配置效率能够达到最大化，促使均衡配置的总体效果不断提升。

（二）全面规范并强化公共体育资源开发的监督制度

"监督"就是针对某一特定现场、环节、过程进行监视，并予以有效督促和管理，为达到预期目标保驾护航。基于此，各领域在全面开展各项工作的过程中，普遍将"监督"视为重要的组成部分。公共体育资源均衡配置是一项系统性工作，涉及的工作内容很广，并且实施过程很复杂，稍有不慎就会导致公共体育资源配置的结果不能尽如人意，公众享受体育资源带来的快感也会随之降低，进而导致中国体育产业，乃至中国体育事业发展受到严重影响。其中，由于公共体育资源开发环节作为供给侧的重要组成部分，是均衡配置过程的直接影响因素，政府部门和有关主管部门必须将该项工作的监督制度予以全面规范并不断加以强化，在制度层面为公共体育资源均衡配置提供深层保障。

制度所辖范围既要包括市场调研部分，还要包括公共体育资源类型、功能、性价比的鉴定部分，以及公共体育资源的材料、工艺、技术选择部分。这样不仅可以确保公共体育资源的开发过程始终能够以市场需求为导向，还能保证在资源配置过程中有效控制成本，为全面提高公共体育资源配置效率并最终达到理想的公共体育资源均衡配置效果提供重要制度保障。

在材料、工艺、技术的选择方面，监督制度的规范与强化应将"创新"作为落脚点，强调新材料、新工艺、新技术的深度应用，确保公共体育资源本身能够具备可循环利用的功能，在有效确保投入与产出比的同时，使其成为提高公共体育资源配置效率的关键因素，最终达到于无形中增强公共体育资源均衡配置效果的目的。

（三）完善公共体育资源高效运用的评价制度

科学的资源供给和确保资源高效运用是全面提升资源配置效率的关键所在，而资源配置效率本身就是对资源配置均衡性的一种承载，从这一关系中不难发现资源的高效应用是中间一环，决定着资源供给的科学性和资源配置的高效性。因此，在实现公共体育资源均衡配置的过程中，应制定公共体育资源高效运用的评价制度，以保障公共体育资源高效性能够被科学鉴定，为其均衡配置方案的有效调整提供客观依据。

在该评价制度中，不能以地区公共体育资源高效运用研究的文献、专利、科研项目数量作为评价的标准，要采用研究与实践成果相结合的评价标准，确保地区公共体育资源高效运用的评价标准具有较高的客观性。具体而言，评价的目的就是要反映当前某项工作的具体情况，针对公共体育资源高效运用的评价，显然就是通过自身和他人按照具体的标准进行客观评判，并在结果中反映出公共体育资源运用是否具有高效性，从中找到确保其高效性全面提升的着力点。

如果，单纯以相关的研究文献、专利、科研项目作为评价标准，那么就会导致有关部门为了达到这一标准将工作的重点落于此，进而忽略其应用的实效性，这显然不利于在实践中改进公共体育资源高效运用的手段，也不利于公共体育资源均衡配置实践路径的优化和调整。因此，在公共体育资源均衡配置实践路径的构建中，制度层面的供给应将完善公共体育资源高效运用的评价制度放在重要位置，并且将完善的方向落在研究与实践成果相结合上。

三、公共体育服务资源层面的供给

毋庸置疑，公共体育资源均衡配置是在全社会范围内应履行的职责与义务，单纯依靠政府部门和有关机构为之付出努力，显然不能确保效果达到理想化，要让全社会都积极参与其中，为之提供充足的资源保障。由此在政府部门和有关机构的引导与调节之下，公共体育资源配置方能展现出高度的均衡性。在这里，笔者认为竞技体育系统、学校体育系统、商业体系应切实履行好这一重要的职责与义务，为之提供强有力的资源和服务，最终让公共体育资源配置的均衡性达到最佳状态。

（一）竞技体育系统的供给

众所周知，随着中国体育事业发展速度的不断加快，国家在进一步提升全民体质健康水平方面不断进行积极调整，其中的"体教融合"等理念正在全面深入落实，并且在推动学校体育事业发展方面发挥出了巨大作用，而这也说明竞技体育系统为学校体育资源配置提供了强有力的资源。针对此情况，公共体育资源均衡配置也可遵循这一理念，让竞技体育系统能够为公共体育事业发展提供强有力的资源保障。

竞技体育系统无论是在管理层面，还是在专业层面，都要为公共体育资源均衡配置提供稳定输出。其既可以强调对公共体育资源管理工作的深化，如社会体育指导员的专业化指导与培训，以及公共体育资源场地、设施、器材的管理等，又可以在体育资源的专业程度方面不断加大供给力度，如专业的训练场地、训练器材、训练设施、训练指导人员向公众开放等，以此保证竞技体育系统内部的体育资源能够成为公共体育资源的重要组成部分。竞技体育系统在为地方公共体育资源深度开发和均衡化配置提供条件的同时，更能为地方公共体育事业的高质量发展起重要推动作用，进而成为强化公共体育服务的有力抓手。

（二）学校体育系统的供给

在中国体育事业又好又快发展的道路中，为之提供发展动力的主体由三个方面构成，分别为竞技体育、学校体育、社会体育。其中，学校体育是全面提高国民身体与心理健康水平的一项重要举措，在学校体育资源配置方面能够体现出充足性。因此，在全面确保公共体育服务资源供给方面，可以将学校体育系统的供给作为明智之选。

供给的方式不仅要体现在"硬件"资源方面的供给上，也可体现在"软件"资源方面的供给上，让学校体育资源的利用价值能够达到最大化。具体的实施方案应由两个部分构成：一是学校体育场地、设施、器材要向社会公众全面开放；二是学校体育教师应扮演"体育指导员"的角色，自愿为公众提供体育休闲、健身、娱乐方面的相关指导服务。

就"硬件"设施向公众开放而言，要有明确的体育资源管理方案作为前提，在确保其利用程度得到全面提升的同时，资源本身能够得到强有力的保养和维护，确保学校体育系统资源供给的有效性充分体现。就学校体育教师而言，其应作为学校体育系统"软件"资源供给的主要载体，要有一套健全的激励机制和保障机制作为支撑，以确保学校体育系统为公共体育资源均衡化配置提供更为有利的条件，并成为助力我国群众体育事业全面发展的重要保障。

（三）商业体系的供给

随着中国体育产业发展进程的不断加快，体育资源供需市场逐渐由平稳发展向需求远大于供应的态势转变，而这一态势出现的主要原因就是体育资源配置的均衡化尚未达到理想状态，商业体系也正是在这一时代发展大环境之下逐渐形成的，并逐步走向成熟。但是，从当前体育产业向全社会供应的公共体育产品及服务来看，显然还未达到平衡公共体育资源供需关系这一最终目标。因此，在打造公共体育资源供给路径的过程中，依然要将商业体系的供给视为主要路径之一。

具体而言，各地方可为健身休闲场所和健身娱乐机构提供政策性扶持条件，鼓励其组织和开展具有公益性质的娱乐健身活动，为公众积极参与健身活动提供较为理想的平台，使其在参与过程中得到专业性指导。除此之外，政府还可以整合社会闲散的资金成立体育产业引导基金，并将基金所有资源都用于公共体育产品的研发与推广之中，如体育公园建设、体育场馆建设、体育健身路径建设等，确保商业体系为公共体育资源配置提供有效的资源，这也是公共体育资源实现均衡化配置极为有利的前提条件。

第二节　体育资源均衡配置的执行路径措施

一、保障信息适配度和流畅性

从各项事务实现有深化落实的全过程角度出发，始终保持有条不紊的状态，必须有最基本也是最关键的前提条件作为支撑，即信息的匹配度和流畅性。公共体育资源均衡配置作为一项系统性的工作，各环节都有条不紊地运行自然也需要充足的信息，还要保证信息本身的实效性。对此，保障信息适配度和流畅性成为公共体育资源均衡配置执行过程的第一要务。其原因在于在公共体育资源均衡化配置工作中，如果信息不够充足，或者信息过于滞后，那么就会导致公共体育资源在某一区域范围内出现闲置，或者供不应求的局面，长此以往就会导致区域体育资源配比失衡，均衡配置也只能成为空谈。

针对上述观点，究其根源就是随着当代经济与社会发展步伐的不断加快，全社会对于公共体育资源的需求差异化不断增加，需求信息也会瞬息万变。如果政府部门、有关主管部门、行业协会、企业不能做到根据信息及时掌握其市场动态，其结果则是公共体育资源均衡配置方案存在滞后性，公众的迫切需要不能第一时间得到满足，资源闲置和资源紧缺的问题则会愈加严峻，资源配置的效率随之受到影响，而这样的资源配置过程显然并不能保证其均衡性。

在以市场为主体的公共体育资源均衡配置过程中，政府、有关主管部门、行业协会、企业会将有限的体育资源信息进行深层次开发，让公共体育资源投入的市场价格和成本信息能够充分反映出其稀缺程度和动态变化情况，进而做出及时调整。价格机制显然是以市场为主体的公共体育资源均衡配置模式核心所在，市场价格释放出的信号往往会对企业形成直接刺激，并对其经营战略做出具体调整。与此同时，公共体育资源的价格往往会对体育产业内部关系造成直接影响，这样在无形中就对公共体育资源均衡配置起到了促进作用。但也不可否认，在进行公共体育资源均衡配置过程中，信息不完整和不及时的情况出现会造成市场交易过程中成本的增长，这显然也不利于公共体育资源均衡配置，政府和有关主管部门此刻则需要在法律层面和制度层面发挥强有力的规制作用。

二、建立科学合理的体育资源均衡配置决策机制

就以往我国公共体育资源均衡配置采用的模式而言，决策权充分体现出了完全集中的特点。具体解释为政府作为公共体育资源均衡配置的决策主体，通过采用各种直接或间接的手段，根据体育资源配置的情况予以调节，以此来形成资源均衡配置的格局。这种资源均衡配置模式通常更有利于将有限的公共体育资源集中起来，让资源配置的预期目标转化为现实，但是其均衡性的效果并不能得到充分保证，而决策机制带来的效果往往也不能始终维持理想状态。

在该决策机制下的公共体育资源均衡配置模式则要求体育本身要具备"公益性"特征，强调社会体育本身的社会效益能够达到最大化。最为明显的体现就是中国始终坚持"举国体制"，以集中优势力量发展体育事业的重点领域，其成就为中国体育事业在国际体坛占据着重要地位。但是，在该决策机制下的中国公共体育资源均衡配置模式中，资源均衡

配置体现出的社会功能显然不能满足市场经济体制发展的切实需要，体育资源均衡配置的决策机制也必须体现公益性、社会性、经济性。

面对当今中国经济与社会市场化发展格局，公共体育资源配置模式中的决策要强调决策权的分散性，让企业和行业协会成为重要的决策主体，根据公众对体育资源的切实需求情况科学合理地做出决策，进而确保公共体育资源均衡配置的水平得到全面提升，而这也正是市场决策机制下的公共体育资源均衡配置模式。

然而，一切事物都具有两面性，虽然在市场决策机制下的公共体育资源均衡配置模式具有优越性，但不可避免也会有短板，在执行过程中显然要将其进行弥补。具体而言，一方面要确保各体育经济组织将可能出现的矛盾降低；另一方面要确保在公共体育资源均衡配置过程中不仅可以确保经济效益最大化，还能保证社会效益最大化。在这一过程里，政府具备的组织协调作用和宏观调控作用都得到充分彰显。

三、深入挖掘体育资源均衡配置的动力条件

从以往政府为主体的公共体育资源均衡配置模式的运行过程来看，其目的就是向全社会提供充足的公共体育物资，这也直接体现了对社会效益最大化的追求。可是这种模式也会导致均衡配置出现动力不足和受限制条件过多的情况，同时，充分说明该公共体育资源均衡配置模式在一定程度上与公共选择理论相违背。

在该理论中，核心观点在于政府在进行公共体育资源均衡配置过程中，虽然能够最大限度满足全社会的基本需求，但政府本身也是一个"经济主体"，依然会有对利益的追求，因此，只注重社会效益而忽略经济效益显然不现实。随着中国特色社会主义新时代的到来，经济与社会的发展正在经历转型与升级，政府在经济与社会发展中不仅体现出"自利性"的特点，还会履行引导与服务这两项重要职责，让体育资源配置

的过程成为一种超经济行为，同时，会不断尝试让产权之间的关系变得模糊化。

　　除此之外，在市场经济不断深化的大环境之下，政府各项行为都会得到科学的绩效评价，从而让政府在自身既得利益的刺激之下对各项工作开展的全过程高度关注。公共体育资源均衡配置作为一项功在当代、利在千秋的伟大工程固然会受到高度关注。例如，体育场馆不仅是当地重要的标志性建筑，还会为地区承办体育赛事、开展全民健身活动、建立专业运动队等提供最为直接的公共体育资源。因此，政府有关部门会将其视为公共体育资源均衡配置关注的重点，而体育场馆也会在带动体育产业发展过程中发挥至关重要的作用。在这一过程里，政府行为往往会与公共体育资源均衡配置追求的社会效益最大化之间存在一定偏差。

　　在市场经济飞速发展的今天，每个作用主体的本质都是追求利益的最大化，由此来保证自身发展的可持续性。政府部门则是通过宏观调控的功能实现市场经济的可持续发展，让更多的参与者能够从中获得更多的利益，同时，让公众最迫切的需求能够得到最大限度的满足。这一过程无形中产生了市场动力机制，而政府和有关主管部门则是确保该机制始终保持强劲动力的主体，让市场内部的各经济主体的主观能动性和参与积极性得以充分调动，进而形成一个既有竞争，又伴有风险和收益的经济发展大环境，企业生产的资源会通过优胜劣汰的形式有效配置。

　　综上所述，可以看出以市场为主体的公共体育资源均衡配置模式要比以政府为主体进行资源均衡配置模式更具动力，因此，体育产业内部各企业进行的资源创造会具有更高的效率，最终也会让体育产业发展的链条更加完备。这不仅确保公共体育资源种类不断增加，让公众对公共体育资源的迫切需求得到充分满足，还能让市场内部的参与主体实现利益最大化，政府的引导和服务职能也可以得到最大限度发挥。在出现市场不够健全或市场失灵的局面时，政府本身也能通过宏观调控和直接弥补的方式确保公共体育资源均衡配置。

四、营造良好的体育资源市场竞争环境

从公共体育资源均衡配置理想模式运行的全过程来看，以市场为主体的公共体育资源均衡配置模式运行全过程中，不同地区的组织结构之间会存在明显的竞争关系。例如，政府在市场决策机制下的公共体育资源均衡配置模式之中，都是以利益最大化为追求的，因此，不同地区的政府之间会存在明显的竞争关系。这样也会导致各地方形成地方保护行为，以及出现公共体育资源进入和退出壁垒等现象。

例如，各省之间为了确保自身体育事业发展水平的不断提升，进而会采取措施限制省内高质量体育人才在全国范围内的流动，这样就会导致本省高质量体育人才过剩，而其他体育事业发展空间较大的地区严重缺少高质量体育人才的局面产生，这在无形中降低了体育人才资源配置的效率，同时，严重限制了配置的均衡性。除此之外，在该公共体育资源均衡配置模式下的组织结构运行过程中，由于存在的竞争较为激烈，在利益分配的过程中也会形成激烈的博弈，进而会有很高的交易费用出现，这也必然会严重影响公共体育资源分配的效益，限制公共体育资源均衡分配的高质量发展。

另外，从上述公共体育资源均衡配置模式运行的组织结构内部资源配置过程来看，存在的竞争关系并不十分明显。因为参与公共体育资源均衡配置的主体往往都掌握着核心技术专利权，在一定程度上会形成技术垄断，所以各参与主体往往维护好自身的技术优势就能在体育资源配置中占据有利地位。可是，长时间依靠某一技术专利生产出的产品往往并不能做到始终与社会需求相适应，在一定程度上限制了公共体育资源配置效率的全面提升，同时，更不利于体育产业和体育市场经济的可持续发展。

通过以上论述不难发现，在以市场为主体的公共体育资源均衡配置模式中的竞争环境更加激烈，但是在激烈的竞争环境之下会催生更多的技术创新成果，以此来打破各地区公共体育资源配置组织结构间存在的壁垒，让公共体育资源的类型和功能变得更加多样化，进而推动资源配置实现高度的均衡化。然而，在市场竞争达到一定程度之后，不可避免会出现市场垄断的现象，这样具有竞争性的市场垄断必然会导致技术研发和技术创新过程中成本不断增加，最终导致公共体育资源本身的性价比过高，社会很难接受，长此以往，就会出现资源闲置的局面。这显然不利于公共资源配置的高效运行，需要政府和有关主管部门发挥宏观调控和有效调节功能，让公共体育资源市场中的竞争关系始终能够维持在合理的范围内，在避免市场垄断现象产生的同时，充分激发出地区和企业的体育资源创新力。这样既能满足政府和企业在公共体育资源均衡配置中追求的经济利益，还能保障其社会效益的最大化。

第三节　公共体育资源均衡配置监督评价路径

一、高度明确公共体育资源均衡配置监督与评价的主体、目标、原则

从实践层面出发，任何一项监督与评价工作的全面开展都是一项系统工程，其原因在于必须明确为什么进行监督与评价和怎样进行监督与评价。而在明确为什么进行监督与评价的过程中，必然会对其主体、目标、原则进行深入分析，最终确保监督与评价工作始终贯穿全过程，并且其结果具有高度的客观性和准确性。公共体育资源均衡配置监督与评价工作的实施更是如此，以下就针对其监督与评价的主体、目标、原则

做出具体阐述。

（一）监督与评价的主体

监督与评价工作全面开展的目的极为明确，即针对监督对象某一环节采取的措施，以及保持的状态进行督促，并且通过客观的指标鉴定其形成的成果，进而不但确保监督对象在落实某一项工作时切实到位，而且评价结果能够为有效进行策略调整提供重要依据。监督与评价应始终保持高度的客观性和准确性，这也对监督与评价主体的明确提出了较高的要求。针对公共体育资源均衡配置监督与评价工作而言，其主体应该由以下几方面构成。

1. 各级政府

由于在市场经济大环境之下，在公共体育资源均衡配置的全过程中，政府应发挥引导与服务的作用，并且在市场失灵状态下应更好地发挥宏观调控和直接弥补的作用，在全面落实公共体育资源配置监督与评价工作中，各级政府应作为基本主体之一，以此可确保政府层面的功能得到客观展现。

2. 各级体育工作主管部门

在进行以市场为主体的公共体育资源均衡配置过程中，各级体育工作主管部门是根据市场发展现实情况，以及政府部门宏观政策有效进行产业结构调整的主要力量，其采取的措施通常对调整效果带来直接影响。因此，在进行公共体育资源均衡配置监督与评价工作时，各级体育工作主管部门应作为重要的主体之一。

3. 体育产业下辖企业

众所周知，企业作为市场的基本组成，生产出的产品和提供的服务直接对市场经济发展走向带来影响。在公共体育资源均衡配置影响以市场为主体的前提之下，企业在经营发展中采取的决策必然会直接影响公共体育资源均衡配置的整体效果。因此，在科学监督与评价公共体育资源均衡配置的过程中，应将体育产业下辖企业作为不可缺少的监督和评价主体。

4. 公众

由于公共体育资源均衡配置最终的作用对象是公众本身，这也说明公众在全面落实公共体育资源均衡配置监督与评价的过程中最具发言权。因为公众呈现的信息能够充分反应自身在公共体育资源需求方面是否得到满足，满足的程度究竟如何，所以公众能够直接和客观地反映出公共体育资源均衡配置的总体效果。

综上所述，可以得出一条重要结论，即在落实公共体育资源配置监督与评价工作时，公众必须作为不可缺少的主体之一。

（二）监督与评价的目标

所谓"监督与评价的目标"，其实质就是监督与评价过程设定的预期，从而为确保监督与评价对象未来实现更好发展指明方向。对此，在进行公共体育资源均衡配置监督评价的过程中，要始终以确保资源配置的公平性与合理性、资源数量与类型的协调发展和整体配置始终保持均等化为目标，以此让监督与评价的结果能够有明确的指向性，并且充分保证监督与评价结果能够成为改进公共体育资源均衡配置方案的重要依据。监督与评价的目标具体说明如下。

1. 确保各区域公共体育资源配置的公平性与合理性

由于公共体育资源均衡配置关乎中国体育事业的整体发展，在进行均衡配置的过程中，既要确保公共体育资源使用的效率，又要高度满足公众对体育资源的总体需求。这样不仅在资源均衡配置过程中，能够实现成本的有效控制和配置效率的最大化，还能保证体育产业实现高质量发展。针对此种情况，公平性与合理性就成为体育资源均衡配置监督与评价的根本性目标。

2. 确保各区域公共体育资源数量与类型的协调发展

随着我国经济与社会发展水平的不断提高，人们基本的物质生活需求已经能够得到满足，而这也促使人们在精神生活方面有着更高的追求，体育休闲和体育健身活动成为主要的需求方向。对此，公共体育资源能否为之提供充足的保障就成为当今社会人们关注的焦点，也是能否全面推动中国体育事业和体育经济发展的重要条件。其中，体育资源数量、类型、需求能否予以满足则成为直接因素之一。面对这样的时代大环境，公共体育资源均衡配置监督与评价的目标显然要将确保各区域公共体育资源数量与类型协调发展作为必然之选。

3. 确保各区域公共体育资源整体配置始终保持均等化

众所周知，当今社会对于"体育"的内涵解读并非只体现在传统意义上，体育表演、体育比赛等项目都可纳入其内涵之中，而这也意味着公众对公共体育资源的需求方向有了明显的拓展，进而也形成了当今较为成熟的体育产业链条。但是，我国各地区体育产业发展的步伐并不能保持高度一致，会导致公共体育资源的整体供给情况不容乐观的局面出现。对此，在进行对公共体育资源均衡配置监督评价的过程中，势必将确保各区域公共体育资源整体配置始终保持均等化作为一项重要目标。

（三）监督与评价的原则

从实质的角度来分析，监督与评价的原则就是开展相关工作的基本初衷，是确保监督与评价对象始终保持高质量发展和实现可持续发展目标的基础所在，公共体育资源配置监督与评价工作的全面开展自然也是如此。以下就将其作为立足点，针对公共体育资源配置监督与评价的具体原则予以阐述。

1. 效率性原则

从公共资源配置的角度出发，配置效率越高，必然会促使配置均衡性与之达到同等水平，反之则不然。当今时代公共体育资源均衡配置的根本前提就是始终保持市场化运作，运作全过程始终要确保资源使用率达到最佳（其间能够体现公共体育资源本身的质量和生产速度），由此方可做到资源投入的成本和效果产出比达到最优化。这样在均衡配置效率能够保持最佳的同时，配置的均衡性也会与之相匹配，最终可实现满足公众对公共体育资源的具体需求。这是将效率性作为公共体育资源配置监督与评价原则的原因所在。

2. 公平性原则

众所周知，当今时代我国经济与社会发展的速度虽然迅猛，但是发展的程度存在区域性差异。发展步伐的不一致并不意味着对公共体育资源的需求存在明显差异，因此，在进行均衡化配置过程中，必须根据其实际需求情况，从全局发展的角度出发，有效进行公平的配置，由此方可确保公共体育资源均衡配置的整体效果达到最佳。这也正是将公平性作为公共体育资源配置监督与评价基本原则的重要原因。

3. 稳定性原则

当今我国社会与经济的高质量发展离不开体育产业提供的支持作用，而公共体育资源均衡配置发挥的作用更是无法替代的。因此，确保新时代中国社会与经济的高质量发展就必须保证体育产业始终能够提供稳定输出，而这要求公共体育资源均衡配置必须做到始终保持极高的稳定性。这也正是将稳定性作为监督与评价公共体育资源均衡配置基本原则的主要原因。

二、科学选择公共体育资源均衡配置监督与评价的方法

在公共体育资源均衡配置监督与评价的过程中，明确其主体、目标、原则是为了厘清为什么要进行公共体育资源均衡配置的监督与评价，并能将其方向和初衷予以高度明确。在此基础上，要考虑怎样进行监督与评价，采取哪些方法能够确保其过程和结果更加科学与准确，以下就针对科学有效的公共体育资源均衡配置监督与评价方法进行论述。

（一）德尔菲法

德尔菲法通常也被称为"专家调查法"，该方法的应用能够确保监督与评价工作全过程更加具有权威性和说服力。该方法的应用过程在于将预测的问题向有关专家征求意见之后，通过整理、归纳、统计，再匿名反馈给各专家，再征求其意见，再集中，再反馈，直到意见一致为止的方式，最终获得有效改变现已存在局面的方法。公共体育资源均衡配置显然是一项专业度极高，并且操作较为复杂的工程，采取不同的视角会导致理解的现象存在明显差异。因此，监督与评价的过程必须做到确保关注视角统一。该方法可作为公共体育资源均衡配置监督与评价过程的理想方法。

（二）层次分析法

层析分析法出自运筹学领域，指将决策进行元素分解，并划分为目标、准则、方案等层次，通过定性与定量分析之后制定出相关的决策。由于该方法在进行公共体育资源均衡配置监督与评价过程中运用的优势较为突出，能够将多目标决策问题进行层层分解，并通过模糊量化的方法将层次单排序（权数）和总排序进行计算，进而形成一套完整的多方案优化决策。因此，将其作为公共体育资源均衡配置监督与评价的方法选择对象。

（三）数据统计法

数据统计法作为有效进行数据处理的常规方法，也是上述德尔菲法和层次分析法得以有效运行的基础。其主要针对问卷调查数据进行有效的统计，并且通过百分数的形式将数据信息进行一般性的描述与分析，因此，在公共体育资源均衡配置监督与评价过程中，应将其作为最基础的方法。

三、合理构建公共体育资源配置监督与评价的指标体系

公共体育资源配置的均衡性是一项极为系统的工程，其原因在于不同视角下的认知会存在明显不同。因此，在确保公共体育资源均衡配置的道路中，要开展多维度的监督与评价工作。其中，指标体系自然要围绕评价主体来构建，具体包括的评价指标应涵盖以下五个方面。

（一）人力资源方面的监督与评价指标

在公共体育资源体系的构成中，人力资源作为至关重要的组成部分，是大众体育项目全面推广和营造良好社会体育文化氛围的"主力军"，因此，在构建公共体育资源配置监督与评价指标体系的过程中，必须将人力资源作为一项重要的评价指标。其中，监督与评价指标要细化至二级，力保监督与评价的视角具有全面性和综合性。

一级监督评价指标应由三部分构成，分别为社区社会体育指导员的分布、社会体育指导员的专业性、社会体育指导员的流动性。这三项一级监督与评价指标主要体现在公共体育"软件"资源的数量和质量能否满足社会需要上，进而反映出人力资源在各地区的配置是否均衡。针对上述三项一级监督和评价指标，要细化出相关的二级监督与评价指标。就社区社会体育指导员的分布而言，二级监督与评价及指标主要包括社区社会体育指导员人均占有量、社区社会体育指导员文化素质分布、社

区社会体育指导员年龄与性别结构分布等，确保监督与评价的综合结果能够体现公共体育人力资源的基本状况，同时，反映人力资源的基本结构配置能否达到均衡。就社会体育指导员的专业性而言，二级监督与评价指标应包括体育健身和竞赛知识的了解程度、居民健身活动的组织管理方法的掌握程度、相关志愿服务的参与情况等，确保监督与评价结果能够将公共体育人力资源的专业水平客观呈现出来。就社会体育指导员的流动性而言，二级监督与评价及指标应主要包括社区体育指导员流动区间、社区体育指导员调离频率、社区体育指导员岗位离职情况等多项指标，从而确保监督与评价结果能够客观反映出人力资源配置不均衡性的主要原因。

（二）财力资源方面的监督与评价指标

财力资源是确保公共体育资源充足性和配置均衡性的重要保障条件，因此，在公共体育资源监督与评价指标体系的基本构成中，财力资源必须作为一项重要指标。该项指标也要包括一级和二级指标，确保监督和评价公共体育资源配置均衡性能够达到全视角的要求和目的。

财力资源方面的一级监督与评价指标应包括三个方面：体育场馆及设施建设、体育场馆及设施的维护、群众体育健身活动的组织。这三项监督与评价指标主要集中在场地与设施的资金投入情况，以及群众参与的资金投入方面。针对体育场馆及设施建设的方面，二级监督与评价指标应包括用于体育场馆及设施建设的资金数量、专款专用情况、场馆及设施建设的功能性投入等多方面，以此确保监督与评价结果能够充分体现出公共体育资源建设的资金投入力度和使用的充分性。针对体育场馆及设施的维护方面，二级监督与评价指标应包括用于体育场馆及设施维护的总费用、专款专用情况、体育场馆及设施功能升级的费用等，确保公共体育资源使用寿命能够得到有力保证，让全面提升公共体育资源使用效率拥有极为理想的前提条件。针对群众体育健身活动的组织方面，二级监督与评价指标应包括组织群众体育活动的频率、组织群众体育活动的项目支出情况、组织群众体育活动的下拨款项等，以此让监督与评价结果能够从群众参与层面体现出资源配置的均衡性。

（三）信息资源方面的监督与评价指标

在公共体育资源配置工作中，信息资源数量和流动性的高低是保障公共体育资源均衡化配置的重要条件之一，因此，在进行公共体育资源均衡化监督与评价工作时，必须将信息资源作为评价指标体系的重要组成部分。信息资源方面的一级监督与评价指标应包括开展群众体育活动的相关文献资料、传递公共体育活动的媒介、媒介承载的信息量三个方面。

另外，针对每项信息资源方面的一级监督与评价指标都应涵盖与之相关的二级评价指标，以此确保监督与评价的视角能够保持全面化。就开展群众体育活动的相关文献资料而言，应包括相关著作信息、报纸信息、图片信息、新闻报道信息等。就传递公共体育活动的媒介而言，应包括电视资讯、手机新闻、滚动宣传屏、社区板报等。就媒介承载的信息量而言，应包括电视资讯信息的数量、手机信息发布数量、群众体育活动滚动播出数量、社区板报所公布的信息数量等。上述各级评价指标包含的内容能够客观呈现出公共体育资源配置的具体情况，进而也能在一定程度上说明公共体育资源配置的均衡性。

（四）组织资源方面的监督与评价指标

从资源开发与利用的角度来分析，组织资源是否充分直接关乎资源开发与利用的最终结果，同时，能够反映出资源本身的价值性和分配的均衡性。因此，在进行公共体育资源均衡性的监督与评价过程中，要将组织资源作为一项不可缺少的指标，并且监督与评价指标也应细化至二级，从而确保公共体育资源有效开发与利用的前提条件是否理想能够得到客观呈现。

组织资源方面的一级监督与评价指标应包括三项，分别为组织效率、人力资本、组织健康。组织效率指标主要体现在体育资源开发与利用的工作效率上，因此，在二级监督与评价指标中，应包括体育资源开发与利用的组织能力、总体质量、产生的效益三个方面，进而充分体现出公共体育资源开发与利用的投入产出比。人力资本指标泛指在进行公共体育资源开发与利用过程中，人力资源方面的成本与产出情况，能够反映出人力资源成本的控制是否达到理想化。因此，该评价指标包括的二级监督与评价指标应体现在人工成本利润、人均投入与产出比、人事费用率等多个方面。组织健康指标是确保公共体育资源开发与利用是否具有可持续性的一项指标，因此，包含的二级监督与评价指标应为人员流动率、主动离职率、人员流失率等多个方面。

上述各项组织资源方面的监督与评价指标，不仅可以对公共体育资源开发与利用的整体效果予以客观反映，还可以为公共体育资源实现均衡化配置提供重要的保证。

（五）制度资源方面的监督与评价指标

所谓"制度资源"，就是在某项工作全面开展过程中，政府为之提供的相关政策法规等，在确保该项工作能够实现顺利开展的同时，其规范性能够得到充分保证。公共体育资源均衡配置离不开政府提供的政策指导和制度保障，因此，在有效开展公共体育资源监督与评价工作中，应将制度资源视为监督与评价指标体系的重要组成部分。

制度资源方面的一级监督与评价指标应包括公共体育资源开发与利用的移植借鉴制度、公共体育资源开发与利用的自我创新制度、公共体育资源开发与利用的继承和融合制度，确保公共体育资源开发与利用的深度和范围能够得到全方位评价。

在移植借鉴制度方面涉及的二级监督与评价指标应包括公共体育优

势资源开发与利用的优惠政策、资源引进的扶持政策、资源优化的补贴政策等。自我创新制度方面涉及的二级监督与评价指标应包括促进地方优势体育资源全面整合的相关政策，以及推动地方公共体育资源结构多样化和创新发展的相关政策。继承和融合制度方面涉及的二级监督与评价指标应包括现有公共体育资源开发与利用有关政策的整合情况，以及现有公共体育资源开发与利用政策的改进和深化落实情况等。

上述各级制度资源方面的监督与评价指标既能对公共体育资源建设的大环境予以客观反映，也能为其均衡配置提供相应的政策性条件，更能对其做出有效优化提供客观的依据。

第四节　公共体育资源均衡配置路径

一、明确公共体育资源均衡配置的模式

在科学制定公共体育资源均衡配置路径过程中，政府、有关主管部门、行业协会提供的外部保障条件固然重要，但最根本的前提条件则是要有明确的公共体育资源均衡配置模式作为支撑。原因在于公共体育资源均衡配置模式能够明确资源配置走怎样的道路，以及应该怎样进行均衡配置。以下内容就针对公共体育资源均衡配置两种基本模式进行阐述。

（一）粗放式公共体育资源配置模式

粗放式公共体育资源配置模式下的公共体育资源配置更加注重政府和有关主管部门的资本投入，通过扩大公共体育资源规模的方式来实现公共体育资源配置的均衡化，此种配置方法通常被视为一种不计分配效

益的公共体育资源配置方法。该均衡配置模式有着极为明显的优势，也伴随相应的弊端存在。其中，优势在于政府能够针对地方公共体育资源实际需求状况不断加大投资力度，最大限度满足公众对公共体育资源的需求；弊端主要体现在公共体育资源均衡配置的过程中会导致成本难以控制，同时，体育资源使用效率并不能得到充分体现。由此可见，该公共体育资源均衡配置模式具有明显的滞后性。

自 20 世纪 40 年代末至 70 年代末，中国体育事业的发展与社会经济体制保持着高度统一，公共体育资源同社会体育资源的分配方式保持高度一致，都是由国家定时定量进行统一分配，这也充分彰显中国特色社会主义的优越性。在这一时代背景之下，公共体育资源均衡配置有着明确的宗旨，即必须集中全部力量，必须保证重点项目的有效落实。这种公共体育资源均衡分配模式的实质就是粗放式公共体育资源配置模式，迅速解决了当时中国体育事业发展面临的问题，不仅使中国竞技体育事业得到了质的提升，使群众体育和学校体育也得到了普及。具体表现就是合理配置公共体育场馆、体育器材到专业队、街道社区、学校之中，并且一大批具有专业性的体育工作者投身于体育事业建设与发展道路之中，不仅仅全面增强了公众的身体素质，更让中国成为世界东方的体育大国。然而，这种公共体育资源均衡配置模式存在的弊端也不容忽视，其存在的局限性必须得到正视，具体表现在两个方面。

1. 对社会发展的大环境有明确的限制

在 20 世纪 40 年代末至 70 年代末期间，中国正处于计划经济时代，尚未进入市场经济发展阶段，由于社会各种资源总量较低，只能采用平均分配的方式确保当时公共体育资源配置实现均衡化。除此之外，由于当时中国社会发展速度远不及当前，人们在公共体育资源的需求方面并没有过高的要求，这种公共体育资源均衡配置模式的运用在当时有着明显效果。但是，随着中国经济与社会发展的速度不断加快，公众的物质生活得到了全面满足，对精神生活有了更高的向往与追求，不仅在公共体育资源的数量方面，也对其多样性和质量方面提出更高的要求。因此，该公共资源均衡配置存在的环境局限性也导致该资源均衡配置模式在当代社会不再适用。

2. 公共体育资源均衡配置过程需要通过行政方式维持

从粗放式公共体育资源配置模式运行的基本特点出发，集中社会一切优势资源进行平均配置，这是"集中力量办大事"的具体表现。但是随着时代发展步伐的不断加快，地方经济发展的步伐并不能保持高度统一，因此，公众对公共体育资源的需求程度也会存在地域性差异。其既体现在数量上，又体现在需求的具体方向上。对此，这就需要政府和有关主管部门要通过相应的手段进行有效调节，单纯依靠执行的手段来达到公共体育资源均衡配置这一目的显然并不可行。

（二）集约式公共体育资源配置模式

集约式体育资源均衡配置模式的实质就是通过调节资源生产的效率实现配置均衡化，该均衡配置模式更加强调资源生产的高效性。公共体育资源利用充分则意味着政府和社会资本的投入与产出比会不断升高，体育资源配置效率也会逐渐随之提升，进而达到均衡配置的目的。而这也是当前中国各地区公共体育资源均衡配置采用的主要模式。其优势主要体现在以下三个方面。

1. 与市场化的经济和社会发展大环境能够保持高度适应

就当今中国经济与社会发展的大环境而言，市场化无疑是其主要特点，资源配置方式显然要根据市场需求的总体情况做出相关的调整，以此来应对公众对公共体育资源需求的多元化特点。这要求政府遵循市场发展的规律，让更多的投资方能够参与其中，通过政府宏观政策调整的方式对体育资源的投入与产出比进行有效调整，以此实现公共体育资源配置的高度均衡。

在此大环境下，参与公共体育资源投入的企业在无形中会形成竞争关系，从而使公共体育资源生产的质量与速度不断得到提升。然而，公共体育资源作为一种准公共产品和服务，并不能将全部的体育组织推进市场，在实际的操作过程中，会根据不同地区体育事业发展的实际情况确立市场化发展的范围。其中就包括公益性体育事业等。除此之外，市场发展潜力较大，并且经济效益较为理想的体育项目也可作为市场化运转的主要选择，从而确保公共体育资源能够满足所在区域公众体育健身活动的总体需求，为当地体育事业的又好又快发展提供重要的资源支撑条件。

2. 改变以往由政府独自承担公共体育资源配置的做法

前文已经明确指出集约式公共体育资源均衡配置模式是以市场化的运作为根本前提的，强调社会企业参与公共体育资源建设全过程，用资源与服务的生产效率保证其配置效率，进而达到公共体育资源均衡配置的目的。这要求企业作为公共体育资源建设与配置的主体，并在效益的主导之下，根据市场经济发展遵循的一般规律，以及市场经济发展的基本原则，让体育资源均衡配置的全过程能够形成产业化运营。这改变了以往粗放式体育资源均衡配置单独以政府为主体的做法，更有利于国家体育事业和体育经济的全面发展。

3. 公共体育资源均衡配置更讲求成本的控制和高产出的方式

在公共体育资源中，配置的均衡性显然受到资源数量和质量的左右，如果这两项条件维持在一定的水平之下，那么投入得越少则意味着资源生产的损耗率越低，资源生产的投入也能够保持高效益，反之则不然。除此之外，在市场化发展大环境之下，集约型公共体育资源均衡配置更加强调供需关系的平衡。这种平衡往往并非仅仅体现在公共体育资源总体数量方面，更体现在资源本身的质量和资源类型结构方面。也就是说，如果企业在进行公共体育资源或服务的投入过程中，生产出的产品或提供的服务质量较低，达不到公众的需求标准，那么这些公共体育资源自然不会被公众接受，展现出的资源配置效果自然也不会理想，公共资源配置的均衡性也很难达到。这不仅造成公共体育资源均衡配置成本的提高，也不能为均衡配置提供强有力的保障，久而久之，企业就会被市场淘汰。

二、合理制定公共体育资源均衡配置的方法

在人们日常工作与学习活动中，方法合理与否必然会直接关乎结果的成败，公共体育资源均衡配置作为一项系统工程，在实践过程中采用的方法是否合理自然也会直接关乎结果的成功与失败。对此，在明确公共体育资源均衡配置模式的基础上，要合理制定公共体育资源均衡配置的方法，较为明智的选择应包括以下三个方面。

（一）全面加强市场机制对公共体育资源配置的调节作用

在公共体育资源配置全过程中，稀缺资源往往在资源配置过程中很难做到保持高度的均衡性，因此，需要借助外力进行全方位的调节，以确保公众能够对公共体育资源的供给始终有满足感，从而推动公共体育资源均衡配置。生产与提供公众急需的体育产品与服务显然是明智之举，体育市场也就此形成并逐渐走向成熟，进而形成一套健全的市场机制。

在市场机制的运行过程中，从事有关产品和服务生产经营活动的企业主要依靠产品生产与销售的数量、质量、价格来谋求发展，而消费者作为消费方有权利决定是否购买产品和服务，以及购买的数量，企业则是在产品与服务的销售额中回收成本，并努力实现利益的最大化。在这一过程里，性价比是否突出则是体育产品和服务的关键，同时，也是满足消费者自身消费需求的决定性条件。对此，在公共体育资源均衡配置的过程中，政府以及体育资源管理的有关部门需要通过相应的手段，确

保企业既能高效率供给高质量的产品与服务，还能确保其性价比满足公众的需求，进而让更多稀缺的公共体育资源在体育市场中涌现，并且被公众广泛接受。这样在公共体育资源配置过程中，市场调节作用的体现变得极为明显，自然能够为公共体育资源均衡配置始终保持高度的均衡性提供强有力的保证。

（二）不断提升公共体育资源管理手段的先进性

从体育运动对增强人的身体素质全过程角度出发，练习过程的科学性和系统性发挥着至关重要的作用。公共体育资源均衡配置达到理想目标也要遵循这一原理，其中管理手段的科学化与系统化则是关键所在。先进的公共体育资源管理手段自然必不可少。

在全世界范围内，体育发达国家普遍都在坚定不移地贯彻一种理念，即用科技服务于体育事业的发展。在该理念中，强调科技的强大支撑力能够让各项体育工作以最简单和最便捷的方式开展，由此实现各项工作运行效率的最高化。因此，在当今时代发展的大环境与大背景下，合理制定公共体育资源均衡配置的方法必然强调先进科技手段的运用，对体育资源形成方便、快捷、高效管理，从而对公共体育资源配置全过程及时做出诊断，以此来确保公共体育资源配置始终保持高度的均衡性。

运用科技手段，既要做到开发该领域高度适用的软件系统，又要对公共体育资源分配情况进行及时诊断，确保在技术层面能够始终促进公共体育资源配置技术的改进与升级，为达到并始终保持其均衡性提供重要的技术保障。

另外，在公共体育资源管理手段的技术创新过程中，应将不断提升公共体育资源管理手段的先进性视为一种制度，并且在合理制定公共体育资源均衡配置全过程中不断加以深化落实。例如，在创新技术研发过程中，要提供相应的激励政策和措施等，确保有更多的专业人才能够投身于公共体育资源均衡配置工作之中，为全面增强公共体育资源配置的均衡性提供高质量的人力资源和技术条件。

综上所述，可以看出在公共体育资源均衡配置的全过程中，管理手段的先进性发挥着重要作用，对此，在公共体育资源管理工作中，应将加大先进管理手段研发与应用的投入力度放在重要位置，从而为公共体育资源均衡配置提供重要的方法和技术支撑条件。

（三）全面提升公共体育资源配置的投入和产出比

就当前而言，我国体育事业发展能不断从胜利走向新的胜利，"举国体制"功不可没。前文已经针对该体制的特点进行了明确阐述，在这里不再赘述。当前中国体育场馆的建设普遍都由政府出资，并且由政府有关部门统一进行管理，很少通过委托代理机构进行管理。但是，在体育资源管理工作的全过程中，高度的专业性是必备条件，委托代理机构在专业性方面要比政府有关部门更高。这就需要在进行公共体育资源配置的过程中，不断加大其投入力度，通过资源管理的专业性实现高产出，最终达到公共体育资源配置高度均衡的目的。

政府部门要协同体育资源管理部门共同建立体育产业引导基金，并层层筛选优质的委托代理机构，从事基金运作和管理的一切工作。而前者既不参与公共体育资源建设与分配的具体操作流程，也不作为决策主体存在，而是为之提供政策层面与资金层面的大力支持，确保更多的社会优质资本能够进入公共体育资源开发与建设过程，并且向委托代理机构支付相关的管理费用。这样，委托代理机构会以专业的市场调研和社会调研，有效调节产业引导基金的投资方向，从而让公共体育资源配置的均衡性达到理想化。在该过程中，公共体育资源配置的投入和产出比发挥着至关重要的作用。

三、公共体育资源配置结构的及时调整

就当前而言，我国体育事业在公共体育资源配置结构合理性方面有

着较大的提升空间，而这也是全面提升公共体育资源配置效率的重要抓手。公共体育资源配置较为充足的地域在一定程度上会存在资源闲置的现象，资源本身的利用率也会降低。相反，在公共体育资源配置相对较少的地域，资源短缺的现象会较为普遍，同时，资源使用率也会较高，这样的局面也会导致公共体育资源供不应求的情况出现。

当前公共体育资源分布情况，不仅具有城乡差距大的特点，还存在地域差距明显的特点，其中，最为明显的表现就是城市普遍都有体育馆或体育公园等专业体育健身场所，而乡镇通常并不具备这些具有专业性的公共体育资源。

除此之外，在全国范围内，一线城市和二线城市中具有高度专业性的体育健身场馆覆盖度较高，而三线城市和四线城市则覆盖度较低。尤其是中国东南沿海地区，以及处于经济带圈围内的城市普遍都建有专业程度较高的体育健身场馆。除上述地区及省级和副省级城市之外，专业程度较高的体育场馆数量相对较少，群众覆盖率自然是不言而喻的。另外，在"举国体制"之下，很多三线城市和四线城市专业体育场馆普遍用于发展竞技体育项目，这也进一步降低了专业体育场馆等公共体育资源的群众覆盖率。这样的公共体育资源配置结构存在明显的矛盾，也是导致公共体育资源紧缺和闲置现象并存的主要原因所在，严重影响了公共体育资源配置的均衡性。

对此，政府部门应高度协同有关主管部门，建立一套高度完整的政策和法规体系，明确各地区体育事业发展的具体目标和方向。政府部门一方面要在公共体育资源供给方面履行职责，强调在公共体育产品与服务供给方面发挥政策性主导作用，打造区域全民健身组织网络；另一方面根据城乡群众体育事业发展的切实需求情况，加大基础公共体育设施的投放力度和专业体育场馆建设力度，在全面提升公众参与体育运动公平性的同时，为公共体育资源实现均衡配置提供有力保障。

第五章　公共体育服务发展及优化对策研究——以长三角地区为例

本章以长三角地区为例，对公共体育服务发展及优化对策进行研究，首先对长三角地区公共体育资源的配置情况进行阐述，其次对长三角地区体育发展的经验进行研究，再次阐述长三角地区体育产业的区域表现，从中发掘体育产业发展的机遇与思考，最后通过"服务三角"模型对构建公共体育服务供给机制的优化路径进行深入研究。

第一节　长三角地区公共体育资源配置情况

一、体育人口基础扎实

体育人口是体育产业发展的基础，体育产业发展快慢与否直接由体育人口的数量决定。全国和长三角地区体育人口比重如表 5-1 所示。

表 5-1　2019—2020 年全国和长三角地区体育人口比重

单位：%

年份	地区	体育人口比重
2019	江苏	37.1
	安徽	32.2
2020	全国	37.2
	上海	45.7
	浙江	42.0

资料来源：根据三省一市体育局官网及 2020 年各省市国民经济和社会发展统计公报整理。

2020 年，浙江、上海两省市的体育人口比重都突破 40%，这一数据明显高于 37.2% 的全国平均水平，这也为浙江和上海体育产业的发展奠定了扎实的基础。当然，这也得益于这两个区域发达的经济、开放先进的思想和浓厚的体育文化氛围。江苏和安徽两省的体育人口比重低于全国平均水平。未来，计划到 2025 年，长三角地区总体体育人口比重将会超过 40%。

根据第七次全国人口普查数据可以看出，长三角地区人口老龄化和城镇化趋势明显，老龄化率与城镇化率都高于全国平均水平，具体数据如表 5-2 所示。

表 5-2 2020 年全国和长三角地区人口老龄化率和城镇化率

单位：%

指标	全国	长三角	上海	江苏	浙江	安徽
老龄化率（60 岁及以上人口比重）	18.7	20.4	23.4	21.8	18.7	18.8
城镇化率	63.9	70.9	89.3	73.4	72.2	58.3

资料来源：国家统计局《第七次全国人口普查公报（第五号）》和《第七次全国人口普查公报（第七号）》；上海市统计局、江苏省统计局、浙江省统计局、安徽省统计局发布的第七次全国人口普查主要数据。

从长三角地区各省市的单独数据来看，上海的老龄化率最高，为 23.4%，其次是江苏的 21.8%，而浙江和安徽的老龄化率与全国平均水平大体持平。从中可以大致看出，上海与江苏两地体育产业的发展拥有更大的空间和市场。而在城镇化率方面，上海、江苏、浙江两省一市的城镇化率水平均高于全国平均值，只有安徽省略低于全国平均值。城镇化率处于较高水平，为这些地区的体育产业发展提供了良好的产业发展基础，不管是城市基础设施、经济发展程度，还是人口数量以及相关配套服务等方面，这些地区在如今以及未来的发展中，都将占据有利局面。

根据体育产业发展成熟国家的经验，人口老龄化以及城镇化为体育人口增长和体育产业的发展带来良好的发展机遇。

第一，老年人有更充裕的时间进行体育运动。据相关数据统计，2019 年，上海市 60 岁到 69 岁年龄段的人群经常参加体育锻炼的比重为60%，位居各个年龄段人群的第一。这一年龄段人群基本刚退休，不用再考虑工作问题，有稳定的养老金收入；另外，基本没有更大的家庭负担。因此，他们有着大量时间可以从事体育运动。

第二，老龄化加速必然给整个医疗体系带来较大冲击，进而国家和个人对于体育健身的关注度将提升，体育健身被纳入国民健康保障体系的进程将进一步加速。相比较而言，老年人对于自身身体健康的关注度更高，并愿意花更多时间在运动与锻炼上。国家层面对体育产业的关注度高会促进国家对体育以及与体育相关的产业增加资金、人才、资源、政策等方面的投入，体育及与体育相关的产业将迎来高速发展。

第三，城镇化的快速推进会带来城市人口集聚，产业结构和城市空间将相应调整，这会推动各类体育产业要素的集聚，城市公共体育设施也将不断完善和更新，体育产业将迎来新的发展机遇。产业发展需要一定规模的人口基数，城镇化推动人口向城市集聚，各类体育产业的参与人数也会相应增长，城市公共体育设施的使用和消耗量也会相应增加。这些变化会进一步带动产业结构的调整，社会资源会向与体育产业相关的各要素倾斜，与体育相关的制造业、服务业等在第二产业中占比将持续增大，产业结构的调整将带来更多机遇。另外，城市的空间结构也将随之调整。在城市空间结构布局中，公共体育设施的占比逐渐增大，相应地，其他城市空间占比会相应减小。

二、市场主体不断壮大

市场主体在经济发展过程中，是主要的参与者，是就业机会的主要提供者，同时，也是技术进步的重要推动者。市场主体数量的多少可以反映一个产业发展水平的高低，此外，从某种程度上也可以反映一个产业未来的发展潜力。2018—2019 年全国和长三角地区体育产业市场主体数量如表 5-3 所示。

表 5-3　2018—2019 年全国和长三角地区体育产业市场主体数量表

单位：家

年份	全国	长三角	上海市	江苏省	浙江省	安徽省
2018	240030	79024	16286	27166	27679	7893
2019	289000	103724	22385	36572	34627	10140

资料来源：根据三省一市体育局官网整理。

由表 5-3 可以看出，2018 年，长三角地区共有体育产业市场主体 79024 家，在全国总规模中的占比为 32.9%。2019 年，长三角地区体育市场主体数量为 103724 家，在全国总规模中的占比为 35.9%，较 2018 年，增长 3 个百分点。2019 年，长三角地区体育产业市场主体数量较 2018 年增长了 24700 家，增长率为 31.3%。从中也可以看出长三角地区体育产业保持着较快的发展速度，在全国体育产业的发展中，发挥着越来越重要的作用。

从两年的对比数据中可以看出，不仅仅长三角地区体育产业整体上有着较快的增长速度，上海、江苏、浙江、安徽等具体区域也有着显著的增长势头，四省市 2019 年体育产业市场主体数量较 2018 年分别增加了 6099 家、9406 家、6948 家、2247 家，增长率分别为 37.4%、34.6%、25.1%、28.5%。从直接数据和分析数据中可以看出，四省市体育产业市场主体有着不同程度的差异性。上海市虽然在总量上低于江苏与浙江两省，但作为直辖市，具有这样的规模数量，也令人瞩目，其在 2019 年体育产业市场主体的增长数量大大高于安徽省，其增长率也位于四省市首位，其在长三角地区体育产业的发展中，发挥着重要作用。江苏与浙江两省的体育产业市场主体数量基本相当，但江苏省在 2019 年体育产业市场主体数量增长较快，增长率也较为突出。安徽省体育产业市场主体总体基数较小，但从增长率上来看，比浙江高出 3.4 个百分点，也有着较为强劲的发展势头。

长三角地区体育产业发展的优势不仅体现在数量上，还体现在发展的质量上，截至 2019 年长三角地区上市体育企业情况如表 5-4 所示。

表 5-4　截至 2019 年长三角地区上市体育企业表

股票类型	公司所在地	公司简称	股票代码	行业分布
A 股	上海市	姚记科技	002605	体育用品制造与销售、体育传媒与信息服务
		荣泰健康	603579	体育用品制造、销售
		力盛赛车	002858	竞赛表演
		嘉麟杰	002486	体育用品制造
		上海凤凰	600679	体育用品制造
	江苏省	金陵体育	300651	体育用品制造、销售
		共创草坪	605099	体育用品制造、销售
	浙江省	完美世界	002624	体育传媒与信息服务
		春风动力	603129	体育用品制造、销售
		牧高笛	603908	体育用品制造、销售
		浙数文化	600633	体育传媒与信息服务
		莱茵体育	000558	体育场馆运营
		健盛集团	603558	体育用品制造、销售
		大丰实业	603081	体育建筑业、体育用品制造与销售
		浙江永强	002489	体育用品制造、销售
		浙江自然	605080	体育用品制造、销售

续表

股票类型	公司所在地	公司简称	股票代码	行业分布
港股	上海市	滔搏	06110.HK	体育用品销售
		波司登	03998.HK	体育用品制造、销售
	浙江省	申洲国际	02313.HK	体育用品制造、销售

资料来源：根据上市公司公开资料整理。

从表5-4可以看出，截至2019年，长三角地区的体育企业中已有19家在A股或港股上市，占所有上市体育企业的近40%，且这19家已上市的体育企业主要从事体育用品制造与销售，这也将有力地带动相关制造业与销售行业的快速发展。另外，个别企业从事体育传媒与信息服务、竞赛表演、体育场馆运营、体育建筑业，未来会有更多企业进入体育产业，做大做强，甚至上市。从上市公司数量来看，在A股中，上海、江苏、浙江三个省市的上市体育企业分别为5家、2家、9家，浙江占据一多半，从某种程度上来说，其体育产业发展处于较高的水平。对于人口与面积较少的上海市，有5家上市的体育企业，也可看出其体育产业较高的发展水平。另外，安徽省没有相关企业在列，表明其具有较大的发展空间和潜力，同时，在长三角地区的区域协同发展中，安徽省可以更多地借助上海、浙江、江苏三个省市的体育发展优势，高速发展。在港股上市的体育企业中，上海市有2家，浙江省有1家，而江苏省与安徽省没有相关体育企业在列，由此可见，上海市与浙江两个省市在借助金融市场的发展方面，处于领先地位，江苏省与安徽省可以借鉴上海与浙江两个省市体育企业发展的先进经验，再结合自身资源优势，探索一条快速且可持续发展的道路。由表5-4可以看出，上海市与浙江省在体育产业发展中，处于领先地位，体育发展的方式更为多元，具有相当的规模效应，与此同时，在体育产业发展上，此两个省市发展的水平也相对较高，在长三角地区，甚至是全国范围内都处于领先地位。

三、体育消费水平逐步提高

体育消费是服务消费中相当重要的一部分，特别是随着居民生活水平的不断提升，居民在服务消费方面的支出也在逐年增加，并且在居民消费总支出中的占比也在逐步增大。另外，在新兴消费领域，体育消费也是其中增长最快、潜力最大、热点最多的部分。在服务消费中，健康养生、休闲娱乐等增长势头逐渐加强。2018—2020 年，全国和长三角地区居民人均体育消费水平数据如表 5-5 所示。

表 5-5　2018—2020 年全国和长三角地区居民人均体育消费水平数据

单位：元

年份	全国	上海市	江苏省	浙江省	安徽省
2018	—	2580	2382	—	—
2019	—	2849	2442	2300	—
2020	1330.4	2995.9	—	—	—

资料来源：根据三省一市体育局官网整理。

由于一些数据难以获取，上海市 2018—2020 年三年数据最为完整，江苏省有 2018 年和 2019 年的数据，从上海和江苏两个省市的数据中也可以看出，上海市在三年的时间中，居民人均体育消费水平持续高速增长，而 2019 年江苏省居民人均体育消费水平也较 2018 年有较大幅度的增长。从每年的横向对比来看，上海市居民人均体育两省消费水平最高，江苏和浙江两省消费水平相近，紧随其后。

2020 年 8 月，在首批 40 个国家体育消费试点城市（区）名单中，长三角地区就有 10 个城市（区）成功入选，占比 25%，具体数据如表 5-6 所示。

表 5-6　2020 年长三角地区体育消费试点城市居民人均体育消费水平表

单位：平方米

省市	消费试点城市（区）	人均体育消费金额
上海	杨浦	3046.4
	徐汇	4024.9
江苏	南京	3083.0
	苏州	3077.0
	常州	3053.2
浙江	宁波	2684.3
	绍兴	2574.9
	金华	2802.0
安徽	合肥	2427.4
	黄山	2043.5

资料来源：各体育消费试点城市（区）2020 年居民体育消费调查报告。

根据 2020 年长三角地区体育消费试点城市（区）居民人均体育消费的具体数据，可以进一步了解长三角地区居民的体育消费水平。在所有 10 个试点城市（区）中，上海市徐汇区的人均体育消费突破 4000 元，达到 4024.9 元，遥遥领先于其他 9 个城市（区），这一水平接近澳大利亚和韩国的居民人均体育消费水平[①]。人均体育消费为 3000～4000 元的城市有 4 个，上海市占有其中 1 个，其他 3 个都在江苏省，浙江省的 3 个城市和安徽省的 2 个城市的人均体育消费都在 2000~3000 元。从这 10 个试点城市（区）的数据中可以看出，人均体育消费金额整体上都保持在 2000 元以上，长三角地区的 10 个试点城市的人均体育消费水平均高

[①] 黄海燕.推动体育产业成为国民经济支柱性产业的战略思考[J].体育科学,2020,40(12): 3-16.

于全国 1130.4 元的平均水平。

另外，在消费结构上，实物型体育消费占据着主导地位，在入选的 10 个消费试点城市（区）中，有 6 个城市（区）的实物型体育消费的占比超过 50%，其中，主要类别为运动服装与鞋帽消费。在服务型体育消费中，占据主导地位的是健身付费、健身指导费和线上健身指导咨询费，可以看出人们对于健身休闲消费具有极大的热情。在各个消费分层上，各试点城市（区）的居民体育消费中，女性消费的增长势头强劲，与此同时，青少年在体育上有巨大的消费潜力，这些特点也成为长三角地区体育产业发展的新机遇。居民消费结构的调整从某种程度上表明了长三角地区体育产业较高的发展水平，同时，这也为地区的体育消费政策的制定以及如何刺激体育消费提供重要的依据。

四、体育空间提质升级

体育空间是人们进行体育运动的基本场所，而体育空间的大小与质量直接影响着居民有多大意愿参与体育活动。2018—2020 年全国和长三角地区人均体育场地面积情况，如表 5-7 所示。

表 5-7　2018—2020 年全国和长三角地区人均体育场地面积情况

单位：平方米

年份	全国	上海	江苏	浙江	安徽
2018	1.86	2.23	—	2.19	1.78
2019	2.08	2.38	2.79	2.34	2.00
2020	2.20	2.35	3.15	2.40	—

资料来源：根据国家体育总局官网、三省一市体育局官网整理

从表 5-7 中可以看出，2018—2020 年，三年的时间中，长三角地区人均体育场地面积整体上保持着持续性的增长势头。2020 年，上海、江

苏、浙江三个省市人均体育场地面积均高于全国平均水平，并且相比较而言，江苏人均体育场地面积最大，到2020年，突破3平方米。安徽省人均体育场地面积较少，因此，有更大的发展空间和成长潜力。

从体育空间的类型上来分析，户外运动设施、大型体育场馆、小型健身场地等不同类型的体育空间不断丰富和完善，因此，就能够承载更多种类的体育活动，满足不同人群对于运动健身的需求。2022年杭州亚运会和亚残运会被延期到2023年举办，杭州市为筹备此次盛会，共计划新建或改建53个竞赛场馆。其中，杭州奥体博览城主体育场——"大莲花"将作为杭州亚运会主体育场以及田径项目比赛场地，它也成为继国家体育场（鸟巢）和广东奥林匹克体育中心体育场之后，中国第三大体育场馆。上海市为2023年亚洲杯专门在浦东兴建了一座专门化的足球场馆，这也是国内最先进的足球场馆。这座足球场馆不仅达到国际足球联合会A级赛事的要求，还能满足上海承办更多国际一流赛事的需求。如今，浦东足球场已经成功举办了2020年英雄联盟全球总决赛（S10）。未来，它还将承办更多大型或顶级的体育赛事，以及其他大型活动。

在户外运动设施方面，三省一市结合自身的资源禀赋，积极推进步行道、健身步道、骑行道、汽车越野道、体育公园等设施建设。公共体育服务的发展离不开基本的运动设施建设，公共体育服务面向大众，面向更为广大的群体，让更多的居民可以方便地参与体育运动。

从体育空间的内容上来看，体育产业的高端要素聚集到各类体育场馆中，项目布局不断优化的功能逐步得到发挥，场馆的持续盈利能力逐渐增强。比较知名的体育休闲活动中心有江苏省的体育服务综合体和上海市的都市运动中心等，除了侧重体育领域的主业之外，还具有居民的日常消费、商务活动、文化娱乐等基础的城市功能，最终形成体育、文化、休闲、商业相统一的体育服务综合平台。由此可以看出，体育产业不能期望自身单独发展，还要与其他产业形态进行深度融合，与体育产业相关的或是可以有效辅助体育产业发展的商业形态都可以与体育产业融合发展。人们欣赏一场体育赛事，会涉及餐饮、购物、娱乐、文化、体育周边等一系列消费需求，为了给参与体育赛事的观众提供更为便利的全方位服务，体育服务综合体应运而生。

五、体育赛事资源丰富

在整个体育产业中，竞赛表演业是其中的核心业态，具有较强的辐射带动作用。在体育产业中，竞赛表演占有重要的比重，人们除了自身从事一些运动锻炼外，就是欣赏体育赛事，从精彩的赛事中获得精神上的满足。

长三角地区有着高度发达的经济基础，有着较为密集的人口基数，居民的消费能力较强，尤其是在体育方面的消费能力在全国位于前列。另外，长三角地区有着较为完善和先进的体育运动基础设施，人均占有较大的体育空间，诸多方面的条件为这一地区奠定了良好的体育发展基础。正因为以上各个方面的因素，各类国际和全国性的体育赛事都倾向于这一地区。

从赛事数量上来看，长三角地区是我国承办国际性赛事最多的区域，单就上海市而言，每年承办的国际性体育赛事就有80余场，而江苏和浙江两省每年也可以承办50余场国际性的体育赛事。虽然最近几年，国际大环境存在着诸多不确定性因素，但这并没有过多地影响长三角地区体育赛事的承办。长三角地区做好了承办2022年亚运会（延期到2023年）、2023年亚洲杯等重大国际性体育赛事的筹备工作。

在职业联赛方面，江苏省苏州市承办了2020赛季和2021赛季两个赛季的中超联赛，并且江苏苏宁队获得了2020赛季中超联赛的冠军，这是此队历史上第一次拿到中超冠军。绿地申花和上海海港等俱乐部也都不断加大对球队的投入力度，相应球队在联赛中的表现也平稳提升。另外，在篮球赛事中，长三角地区共有 5 支球队参加 2020—2021 赛季的 CBA 联赛，上海有上海久事 1 支球队，江苏有江苏肯帝亚、南京同曦大圣 2 支球队，浙江有浙江广厦控股、浙江稠州金租 2 支球队。值得一提的是浙江诸暨是新赛季赛会制形式下的举办城市。这一赛季，CBA 联赛全部参赛的 19 支球队中长三角地区有 5 支，占比超 25%。不管是足球联赛，还是篮球联赛，运营一支球队，都需要投入大量奖金与管理资源，由球队带动的相关产业也会有极大的发展空间。未来，随着越来越多大型赛事的承办，各方资源会进一步汇集，长三角地区体育产业的发展会更具强劲动力，发展方式也更多元化，长三角地区与体育产业相关的产业和体育产业的融合度也会进一步提升。另外，近几年，电子竞技等新兴职业联赛在长三角地区也有着快速发展的势头，在不断丰富体育产业发展内涵的同时，为这一区域居民提供了高水平的赛事体验。

六、示范项目助力发展

体育产业基地是一个区域内体育产业得以良好发展的重要载体。体育产业基地可以集聚各类产业资源，可以营造良好的产业发展环境。在体育产业基地内，产业集群效应可以充分发挥出来。与体育产业相关的各种资源与要素彼此间借助体育产业基地的聚集、便利、融合的优势，可以让体育产业内部形成更为紧密的关联。此外，建设体育产业基地也是我国体育产业发展实践过程中的重要途径。

自从全国性体育产业基地工作开展以来，长三角地区已累计入选国家体育产业示范基地 23 个，有 36 个单位入选国家体育产业示范单位，并且有 34 个项目入选国家体育产业示范项目。从数量上来看，长三角地区体育产业基地占全国体育产业基地总数的 1/3。其中，单就 2020 年来说，长三角地区入选国家体育产业示范基地 3 个、国家体育产业示范单位 11 个、国家体育产业示范项目 10 个，具体情况如表 5-8 所示。

表 5-8　2020 年长三角地区新入选国家体育产业情况

类型	上海市	江苏省	浙江省	安徽省
国家体育产业示范基地	—	—	三门国家体育产业示范基地、安吉国家体育产业示范基地	合肥高新区国家体育产业示范基地
国家体育产业示范单位	上海巅峰健康科技股份有限公司、每步科技（上海）有限公司	常州市钱璟康复股份有限公司、南京体育产业集团有限责任公司	绍兴上虞大康体育健身设施制造有限公司、牧高笛户外用品股份有限公司、浙江省黄龙体育中心、杭州乐刻网络技术有限公司、杭州孚德品牌管理有限公司	安徽华米信息科技有限公司、安庆永大体育用品有限公司
国家体育产业示范项目	中国（上海）国际健身、康体休闲展览会、上海"我要运动"学校体育场地托管服务、弈客围棋"午间一小时"运动健康巡回赛	盐城大纵湖体育旅游	健盛之家功能性运动面料研发、莫干山郡安里体旅综合体、台州柴古唐斯·括苍越野赛	马仁奇峰森林高空体育旅游、马鞍山郑蒲港启迪乔波冰雪世界

资料来源国家体育总局：《体育总局关于命名、认定 2020 年国家体育产业基地的通知》。

　　在国家体育产业基地方面，浙江省有 2 个，安徽省有 1 个，上海市与江苏省这一年度没有入选的示范基地。

　　在国家体育产业示范单位方面，上海市、江苏省、浙江省、安徽省分别有 2 家、2 家、5 家、2 家入选。从中可以大致看出，这些入选的示范单位十分重视科技发展，将科技作为公司或企业发展的重心。体育产业的发展离不开科技的助力，尤其是在科技飞速进步的当下，科技在其中发挥的作用更不容小觑。

在国家体育产业示范项目方面，上海市、江苏省、浙江省、安徽省分别有4个、1个、3个、2个入选。上海在国家体育产业示范项目的入选上又引领长三角地区。长三角地区入选的项目涉及展览会、体育场地托管服务、围棋运动、体育旅游、运动服饰材料研发、越野赛、冰雪世界等领域。丰富多彩的项目形式为体育产业的发展增加了更多的维度。既有赛事，也有体育周边产品，还有体育与其他产业融合的项目，包括旅游业、服务业、制造业等。

在2020年新认定的国家体育产业基地中，体育与科技的融合成为长三角地区体育产业发展的新特点。单以合肥高新区国家体育产业示范基地为例，园区内入驻了257家体育企业，其中，37家高新技术企业、9家体育骨干企业，吸纳了1万多人就业，体育产业总产值达到69.34亿元，纳税超过2亿元。2019年，该示范基地为体育产业产值贡献20.6亿元，占高新区全区GDP的1.99%。园区内的安徽华米信息科技有限公司入选了2020年国家体育产业示范单位，该公司生产的智能手表设备在全球有15.2%的市场占有率。此外，在入选的企业中，大部分都依靠科技，为体育产业的发展提供动能。

与体育相关的各个发展方面，不管是体育竞技赛事，还是体育产业，都离不开科技的加持，如今，科技进步日新月异，稍有懈怠，则很有可能被时代淘汰。因此，只有时刻关注科技发展的动向，时刻以科技为体育发展的动力源，才能实现可持续发展。

七、产业规模持续增长

产业发展水平最先体现在数量上。产业规模持续增长可以稍微拉长一些研究年限，从2015—2019年来看，全国和长三角地区体育产业总规模和增加值情况如表5-9所示。

表 5-9　2015—2019 年全国和长三角地区体育产业总规模和增加值情况

指标		全国	长三角	上海市	江苏省	浙江省	安徽省
体育产业总规模	2015 年（亿元）	17107.0	5589.7	910.1	2805.5	1507.8	366.2
	2019 年（亿元）	29483.4	10202.5	1780.9	4620.4	2614.8	1186.4
	年均增速（%）	14.58	16.23	18.27	13.28	14.75	34.16
体育产业增加值	2015 年（亿元）	5494.4	1812.9	351.2	879.8	463.4	118.6
	2019 年（亿元）	11248.0	3413.0	559.0	1570.9	845.5	437.6
	年均增速（%）	19.62	17.14	12.32	15.60	16.22	38.61
体育产业增加值占 GDP 或地区 GDP 比重	2015 年（%）	0.80	1.13	1.40	1.25	1.08	0.54
	2019 年（%）	1.14	1.44	1.46	1.58	1.35	1.20
	增幅（%）	0.34	0.31	0.07	0.33	0.27	0.66

资料来源：根据三省一市体育发展中国家官网整理。

　　2019 年，长三角地区体育产业总规模突破万亿大关，达到 10202.5 亿元。而同期全国体育产业总规模为 29483.4 亿元，长三角地区在全国总规模中的占比超过 1/3。2015—2019 年，长三角地区体育产业总规模年均增速达到 16.23%，高于全国年均增速将近 2%。安徽省体育产业总规模的年均增速为 34.16%，远高于全国年均增速水平，超出将近 20%。

　　从体育产业增加值上来看，2019 年，长三角地区体育产业增加值为 3413.0 亿元，而这一时期全国体育产业增加值为 11248.0 亿元，长三角地区体育产业增加值占全国的比重为 30.43%，与体育产业总规模占比基本相当。在长三角地区，安徽省的体育产业增加值呈现出强劲的增长趋势，如 2015—2019 年安徽省体育产业增加值年均增速达到 38.61%，这一表现远高于全国年均增速，超出将近 19%。不管是从体育产业的总规模上来看，还是从体育产业增加值上来看，安徽体育产业的发展都有着极强的爆发力，有着高速的增长。部分原因在于，安徽在体育产业的发展上本身基础相对薄弱，有着巨大的发展空间和增长潜力。而长三角地区其他省市体育产业的发展已经具备了一定的基础，不管是经济发展、体育人口、市场主体数量，还是体育消费水平方面，都处于领先水平。因此，其增长空间有了一定的限制，但相比全国体育产业的发展来说，仍处于高增长状态。

从体育产业增加值对地方经济的贡献程度来看，2019年，长三角地区体育产业增加值占地区GDP比重达到1.44%，比2015年增加了0.31%，而比全国同期水平高了0.3%。2019年，江苏省表现较为突出，占比为1.58%，居长三角地区的首位，江苏省体育产业发展对经济发展的贡献程度逐渐增大，比2015年增加0.33%。浙江省体育产业增加值虽然为1.35%，但其省内有多个地市体育产业增加值在地区GDP的比重为1.5%以上。长三角地区体育产业对地区经济的贡献程度正在有条不紊地向发达国家2%的平均水平靠近。

未来，长三角地区体育产业的发展借助本地区得天独厚的区位优势，以及国家相关政策的支持，将持续向好发展。

八、产业结构逐步优化

产业结构是产业成熟度的一个重要指标，根据发达国家的经验，体育服务业在体育产业中的占比越高，体育产业的成熟度就越高。在体育服务业中生活性服务业的市场需求更加稳定，并且市场需求没有过高过低的波动性，需求弹性小，一般不易受经济环境影响。因此，增加体育服务业比重是推动体育产业不断提质升级的有效路径。生活性服务业与居民日常生活的关系最为密切，在人们日常工作、生活过程中，需要各种物质和精神上的产品或服务，人们对于生活性服务的旺盛需求即在于此。

2018—2019年，全国和长三角地区体育服务业增加值占比情况如表

5–10 所示。

表 5–10　2018—2019 年全国和长三角地区体育服务业增加值占比情况

单位：%

年份	全国	长三角	上海市	江苏省	浙江省	安徽省
2018	64.8	65.9	87.3	66.4	54.4	54.8
2019	67.7	66.0	86.9	68.4	56.8	61.4

资料来源：根据三省一市体育局官网整理。

　　2019 年，长三角地区体育服务业增加值占比较 2018 年略有增长，提高了 0.1%。2018 年，长三角地区体育服务业增加值占比为 65.9%，比全国同期的 64.8% 高出 1.1%，而 2019 年长三角地区体育服务业增加值占比略低于全国水平。具体到各省市，2019 年，上海市体育服务业增加值占比为 86.9%，比去年同期低 0.4%，但将近 90% 的体育服务业增加值占比已遥遥领先于全国水平，超出将近 20%。与此同时，上海市也明显领先于长三角地区其他省市地区，基本达到发达国家水平。2019 年，江苏省体育服务业增加值占比略高于全国水平，而浙江省与安徽省的体育服务业增加值占比低于全国水平，其中与长三角地区体育产业发展的历史有着密切的关系。

　　长三角地区一直以来都有着强劲的体育制造业基础，长三角地区是全国体育用品生产制造的重要地区，诸多企业已经成为各自细分市场里的隐形冠军，并且形成了具有一定影响力的体育制造业的产业集群。水上运动装备、人造草坪等一些体育产品已经在国内市场或国外市场占据了重要的市场份额，因此，长三角地区的体育制造业增加值占比高于全国平均水平。但与此同时，体育服务业的增加值占比相应地低于全国平均水平。当然，这也是长三角地区未来在体育产业发展的过程中的主要发展方向，在体育服务业方面，尤其是在体育产业的生活性服务业方面，长三角地区有着巨大的发展空间和增长潜力。相信，长三角地区在自身已具有的、扎实的体育制造业的基础上，可以为体育服务业提供品类齐全的体育产品，为体育服务提供坚实的产品保障。

第二节　长三角地区体育发展经验研究

一、上海市体育赛事科学管理体系建设经验

（一）上海市体育赛事科学管理体系发展的基础

1. 日益完善的体育赛事政策法规体系

上海市体育赛事科学管理工作落实的根本依据是体育赛事政策法规。从 2018 年开始，上海市以及长三角地区体育赛事管理相关政策条文集中在赛事扶持资助、赛事标准化、赛事信息公开、赛事评估评价，并且出台的政策条文均充分考虑各项工作间的关联性与赛事科学管理落实过程中的可操作性。2018 年，上海市颁布了《关于加快本市体育产业创新发展的若干意见》，建立了赛事的动态监测机制，探索建立起体育赛事安保等级评价机制，制定了体育赛事的办赛指南和服务规范。同年，颁布了《建设国际体育赛事之都三年行动计划（2018—2020 年）》，对体育赛事的运营、评价、保障等方面分别制定出相应标准；对重大体育赛事进行评估以及制定相应的扶持激励机制；建立起申办引进重大体育赛事的专家认证机制。2020 年，上海实施了《上海全球著名体育城市建设纲要》，强化了对赛事影响力的综合评估内容。同年，上海市出台了《长三角地区体育一体化高质量发展的若干意见》，支持区域体育赛事标准化的建

设工作，构建起长三角一体化的协作与共享机制；打造了智慧竞赛平台；制定了长三角体育赛事影响力的评估指标；分类创制了体育赛事活动可开展的目录。

2. 良好的竞赛表演业发展基础

早在 2000 年前后，上海市便在国内率先尝试大型体育的探索和运作，经过 20 多年的发展，已积累了宝贵经验，并打下了坚实的体育产业发展基础。如今，上海市体育产业的发展，形成了政府部门逐步退出、市场力量不断进入的良性发展局面。上海市政府从多个方面进行积极的探索，包括公共资源的提供、市场推广与宣传的辅助、市场主体的培育、场馆设施的建设、政策法规的制定等方面。在政府相关部门和市场等各方努力下，上海市体育竞赛表演活动总体规模不断扩大。

3. 丰富多元的体育赛事资源

体育赛事在一个城市或地区成功举办离不开当地各方面资源的配合，上海与体育赛事相关资源较为丰富。在体育场馆方面，上海市有东方体育中心、上海体育场、浦东足球场等各种大型体育场馆，这也为各项大型体育赛事的举办提供了场馆和场地的可靠保障。在城市安全治理方面，上海市公安局治安部队和各辖区治安支队一同负责大型体育赛事的安全管理工作。"一网通办"平台上的"大型群众性活动开展的安全许可审批"政务服务事项已顺利运行多年，整体工作流程也日益成熟。

4. 居民日益增长的赛事消费需求

在各类体育赛事资源不断增加的同时，上海市居民对体育赛事的关注度与日常需求也在日益增长。对于体育消费，居民不只是关注赛事本身，与此同时，还关注娱乐、餐饮、住宿、交通等多方面内容。随着居民收入逐渐增加，生活水平不断提升，上海市居民对于大型体育赛事的关注度与需求逐渐增加，体育赛事对于城市经济增长的贡献也在不断增加。构建科学的体育赛事管理体系，可以对竞赛表演业进行有效规范，为消费者提供良好的体育赛事观赏环境与氛围，为上海体育赛事高质量发展提供更加安心的保障。

（二）上海市构建体育赛事科学管理体系的主要做法

1. 在顶层设计上不断完善体育赛事科学管理体系

从项目管理方面来看，体育赛事有着较长的时间跨度，工作流程形式多样，涉及主体的范围更广，从城市管理的角度对体育赛事进行专业且科学的管理是一项复杂的系统工程，从顶层设计上构建科学合理的管理体系是重要的工作内容。因此，上海市体育部门对体育赛事科学管理体系进行详细梳理，构建一套专业、科学、全方位的"3A"管理循环体系，并以此作为上海体育赛事科学管理体系的顶层设计，如图 5-1 所示。

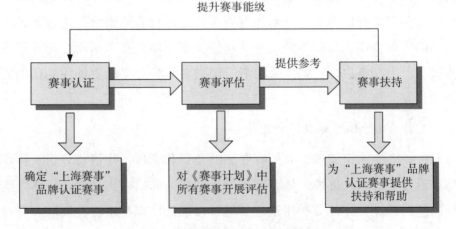

图 5-1　体育赛事"3A"管理循环体系

"3A"管理循环体系由赛事认证、赛事评估、赛事扶持三大部分组成。首先，符合条件的赛事活动需要通过申请与审核环节，进行体育赛事的认证。其次，在体育赛事举办过程中，第三方评估机构对体育赛事进行全方位评估，分析并评估每项体育赛事对上海城市经济发展做出的贡献程度，根据评估结果，向社会发布《上海赛事影响力评估报告》等相关内容。最后，根据评估的最终结果，经过认证的赛事可获得政府提供的或是由政府主导的扶持和帮助。"3A"管理循环体系可将体育赛事管理的行政与财政等相关资源进行合理化的调配，这也是上海体育赛事科学管理体系顺利运行的核心内容。

2. 建立并完善体育赛事信息采集公示体系

商业性和群众性体育赛事的审批工作完成后，体育部门及其他相关部门及时了解各个体育赛事活动以来的基本信息，就成为体育赛事资源管理与服务的重要基础工作。同时，体育赛事信息的采集与公示，对体育赛事信息的科学、专业处理，成为上海体育赛事提升质量与效益的重要手段。在此基础上，上海体育相关部门以赛事基本信息的填报为起始，同时，结合文旅、交通、公安等相关部门的电子政务建设的现实情况，进行公共资源的信息互通，对体育赛事资源进行有效整合，通过与各个部门的协调合作，构建不断完善且功能全面的体育赛事活动综合管理服务机制，为办赛主体、赛事参与者、消费者等各方提供更加便利化的需求和服务。

3. 持续给予体育赛事资金支持

从经济学的相关理论对体育赛事的运营和管理工作进行分析，体育赛事通常具有正外部性，体育赛事管理的相关部门应当多加关注体育赛事的这一特性，并充分利用这一特性，以促进体育赛事良性发展。竞赛表演市场和体育赛事产品供给的健康发展，需要相关部门为其提供一定的政府补贴。上海市早在 2010 年，就已经开始进行这方面的工作研究，在十几年的探索与发展过程中，已逐步形成较为成熟的体育赛事资金扶持的基本框架。

4. 利用创新思维构建体育赛事认证机制

如今，上海市的大型体育赛事数量逐渐增多，各自具有不同的特点，不同特征的赛事有着不同的办赛模式与流程。不同类型的体育赛事应当进行分类分级管理，以此来不断优化体育行政资源配置。在进行体育赛事的分类管理工作前，体育赛事的认证工作是一项基础性的重要工作。上海市体育部门在对香港、墨尔本等全球体育城市赛事认证模式进行分析后，提出了"1+3"赛事品牌认证体系，其中，"1"指创建一个"上海赛事"（Shanghai Sport）城市赛事品牌，包括一次性举办的赛事和常年举办的赛事。一次性举办的赛事包括在国际顶级综合性运动会、国际单项体育协会赛事体系中第一等级赛事、在上海市举办的国内顶级职业联赛赛事以及其他重大体育赛事。常年举办的赛事根据城市发展的需求以及赛事的自身特点，分为全球影响力体育赛事"P"赛事（premium events）、标志性体育赛事"H"赛事（hallmark events）、培育型体育赛事"D"赛事（developing events），即认证体系中的"3"。

在进行体育赛事的认证工作中，要以"P"赛事为主导和引领，从"H"赛事和"D"赛事为基本依托，以促进"P"赛事成功落地，提升三类体育赛事互动发展机制的不断完善，进而推动上海体育赛事健康良性发展。

5. 不断深入体育赛事评估工作

体育赛事要在城市经济社会发展中找到准确的定位，需要先对体育赛事活动进行科学、全面、专业的认知与分析，在此基础上，构建一套完善的体育赛事评估框架和评估指标体系，可以全方位地对体育赛事活动进行评估。在近几年的探索与实践过程中，上海市体育部门与第三方评估机构进行联合，在广泛开展体育赛事评估的同时，已形成一套较为成熟的体育赛事评估工作的完善机制。要围绕上海市对体育产业发展的总体规划，以体育赛事的专业度、关注度、贡献度三个维度作为评估核心维度，构建体育赛事影响力评估框架体系。

6. 持续提高体育赛事标准化水平

体育赛事科学化管理能力提升的一个重要途径是体育赛事标准化水平的提高。目前，上海市已在政府部门、社会组织两个层面积极开展广泛的实践与探索，要求体育赛事由标准化向精细化方向发展，同时，为上海市体育赛事活动提供了更加专业化和充分的数据信息依据。在政府部门层面，上海市体育局根据上海目前体育赛事活动的发展情况，出台了一些包含办赛标准的政策性文件，从总体上为办赛主体提供了明确的办赛指引。这些政策性文件明确了在体育赛事活动举办的过程中，政府、市场、社会各方参与者应当承担的责任，对体育赛事活动进行分级分类管理。同时，赛事活动应做好各种预案，诸如安全风险防控方案、赛事组织方案、应急处置方案等，帮助体育赛事活动组织者最大限度降低办赛风险。在社会组织方面，多个单项体育赛事协会组织已经相继推出各项赛事的办赛指南，为赛事的科学管理提供更加专业化的保障。

7. 不断提高体育赛事管理市区间联动能力

体育赛事管理体系除上述进行市级层面的构建外，上海市部分辖区也应当利用体育赛事科学的管理手段，同时，要加大对体育赛事的扶持力度。目前，上海市已有 10 个市内辖区出台过体育赛事扶持方面的相关政策文件。一方面，市内不同辖区不同的扶持政策可以进一步增加各区体育赛事的办赛特色，形成差异化优势，促进体育赛事健康良性发展。另一方面，市级与区级两级的体育赛事扶持政策，构建了一套更加完善的、系统的、科学的、精细的体育赛事科学管理体系，为上海市竞赛表演产业的长远发展提供了坚实的保障。

（三）上海市完善体育赛事科学管理体系的对策

1. 不断推进管理与服务的深入融合

在"放管服"改革的大背景下，管理与服务逐渐发挥越来越重要的作用。服务思维在体育赛事管理中发挥的关键性作用，可以有效提升管理工作的效率，同时，可提高体育赛事资源的配置水平。体育赛事"3A"管理循环体系已在体育赛事管理的顶层设计中发挥出显著的作用。这一管理思路同样可以在体育赛事的微观管理中广泛应用。

2. 拓展体育赛事科学管理范围

对体育赛事进行科学管理，政府部门和体育相关部门应当了解更多的体育赛事举办信息，相应地，对于体育赛事的管理难度也会逐渐降低。主要工作可以从以下三个方面着手。一是要加大政策法规的宣传力度。体育相关部门应为更多的办赛主体提供全方位的赛事政务服务，加强部门间的沟通协作能力，让赛事信息被充分共享。二是要充分发挥各种类型体育赛事组织的作用。体育赛事组织应从赛事标准化方面为办赛主体提供多维度服务，为体育相关部门的政务服务提供有益补充。三是要不断提高体育赛事的检索能力。定期通过搜索引擎、社交媒体等各种方式发布体育赛事的相关信息，为办赛主体提供风险提示。

3. 提升体育赛事多部门协同管理水平

随着上海市体育赛事的举办规模和国际影响力的不断提升，体育赛事资源与城市资源的结合程度也将不断提升，这就要求多个部门间的管理协作能力进一步提升。高效、合理地使用城市资源，充分发挥体育赛事的正外部性。上海市在多部门间的协同管理方面做出诸多有益的实践探索，对办赛主体的服务仍有待加强。上海市体育部门应当加快与交通运输、气象、卫生健康等部门的协作沟通，通过标准化、专业化的协同工作机制，提供更加成熟且实用的公共服务产品，并进行推广使用。与此同时，还要提高体育赛事服务的可复制性，通过先试地区的成功经验与可行性办法，向其他覆盖地区进行全方位、多角度的推广。

4.提升体育赛事科学管理的数字化水平

如今，数字技术已日趋成熟，体育相关部门在体育赛事科学管理方面应当充分利用数字技术，对体育赛事信息进行高效处理和分析，为政府各项政务服务职能赋能，在信息共享、协同办公等方面，应当将数字化作为重要的提质增效的工具。目前，上海市虽然已有一些体育赛事活动的政务服务在"一网通办"平台上广泛应用，但未完全覆盖所有体育赛事活动。未来，上海体育赛事科学管理可以从以下几个方面具体开展工作。一是针对体育赛事电子政务的疑难问题进行深入而具体的分析和研究，从技术上解决多个部门间的电子政务平台融合的难题，建立全面而有效的体制机制，为全方位开展体育赛事电子政务奠定坚实的基础。二是根据体育赛事举办的一般性流程，对现有的电子政务类型进行拓展和延伸，从体育赛事信息的采集、查询、公安审批、资源整合与共享等多个方面，不断细化服务内容。三是对长三角地区体育赛事电子政务进行全面研究与调研，建立长三角范围的体育赛事政务服务"一网通办"平台，不断完善长三角地区联合办赛的体制机制，为今后举办区域性大型体育赛事创造更加稳固的条件。

5.动态掌握办赛主体管理与服务需求

随着体育赛事在上海市，甚至全国的快速发展，办赛主体对于政府政务服务与管理的需求也在不断发展变化，处于动态变化中。因此，体育相关部门针对不断变化的办赛主体的需求，应当在管理和服务工具上寻求突破，打破一些传统的管理与服务的模式与流程，积极引入一些最新的技术工具，以适应不断变化和处于动态调整的服务需求。只有体育相关部门的管理与服务实时和办赛主体的办赛需求相适应，才能有效推动体育赛事不断向更高质量发展。除此之外，体育相关部门还应当及时关注体育赛事方面的信息，与体育赛事的发展保持同步，才能在深入了解体育赛事发展方面做出更加精准的调整与改革创新。

二、浙江省数字体育创新发展与金华市"体育 +"特色村（居）建设经验

（一）浙江省数字体育创新发展经验

1. 全民健身服务实现"一张图"

浙江省实现全民健身服务"一张图"，建立在相关服务全方面数字化的基础上。"一张图"的最终形成，需要与现有的平台资源进行有效的整合，"浙里办""浙政钉"等平台全面融入了"一张图"大平台，为使用者提供了"一站式"全方位的服务。数字技术的广泛应用，为数字政府建设和数字社会的构建提供了技术方面的有力支撑。居民通过一种方式就享受了健身的全方面服务，减少了居民的搜索成本，增强了平台的使用体验效果，更重要的是提升了体育相关部门的政务服务效率。

2. 建设数字体育训练"一体化"管理应用

随着体育产业的大发展，人们对于体育锻炼的需求也在不断提升，因此，全周期、科学化、精细化的体育训练需求逐渐增大。浙江省体育局训练处打造了一个覆盖市、县业余运动员、教练员和管理保障人员的全过程训练管理系统。与此同时，这个系统与省级训练单位、业余训练机构现有的信息系统进行深度融合，实现了对运动员训练情况的实时监测，全面考评运动员的训练成效。另外，运动员生理生化指标数据可实时上传该系统，为运动员训练水平的提升提供了大数据的支撑，最终达到了教练员与训练员及时掌握运动员的训练表现、状态表现，及时了解运动员的训练水平以及身体状况，对于发现的问题，可以及时调整训练方案的效果。该系统有效地提升了运动员的训练水平，训练情况以数字

化方式进行呈现，教练员能够更有针对性地纠正运动员的训练形式和内容，帮助运动员更有效地提升运动水平。

3. 体育赛事实现"一站式"服务

提升体育赛事的管理与服务水平，需要全面而深入地借助数字技术。将体育赛事信息和资源进行数字化处理，不仅有助于相关信息的有效管理与应用，也便于体育赛事信息的共享与使用。体育产业数字化建设可以不断推动体育产业的创新升级。数字技术的应用也是体育赛事从根本上实现"一站式"服务的根本前提。体育赛事各方面的服务均可通过数字化方式对相关信息进行采集和处理，例如，在线报名、赛事直播、成绩公示、社区互动等，这些与体育赛事相关的服务内容，通过数字化的方式，经由统一的系统，可形成"一站式"的服务。通过对体育赛事活动相关信息进行数字化处理，数字化平台可以提供"一站式"服务，不仅可以为受众提供方便、精准的体育赛事信息，满足受众对于体育赛事活动各种服务需求，还可为体育相关部门提供最直接的一手信息，为体育赛事的管理以及长远规划提供精准的数据支撑。

4. 建立智慧体育场馆

智慧体育场馆的建设依托于"互联网+体育"创新模式，包括场地预订、门票销售等基本服务，都可以通过线上方式完成。2017 年，浙江省黄龙体育中心便开始布局数字体育、智慧场馆建设。智慧场馆融合了智慧硬件与智慧软件，提供了会员信息采集、运动卡储值办理等各种便捷的服务，逐渐构建起智慧物联的服务生态圈。未来，智慧体育场馆将会更多地出现在人们的视野中，人们可享受到越来越方便快捷的体育场馆服务内容。

5. 体育综合体"数智一体化"

杭州市第一个大型文化体育综合体，实现了数字技术与体育、娱乐、文化等多种元素的聚集，其中包括自助进出的游泳馆、无人值守的足球场、海塘遗址类博物馆、AR 体感互动科技体育玩乐园等。这一体育综合体融入了物联网技术，通过智能化人机交互设备，利用物联网技术服务场馆业务的整个流程，促进体育场馆推出新服务、新运营、新产品，探索出了大型体育场馆"一体化智慧运营"的崭新模式，提升了居民运动消费的感官体验，同时，有效地提升了场馆的运营效率。

6. 建立智能体育产业示范区

浙江省余杭区有着高度发达的人工智能化水平，这里聚集了浙江大学、各类前沿技术的研究中心，每年还会有多项创新项目。余杭区借助自身在人工智能方面的发展优势，以示范区的形式发展智能体育成为全国第一个智能体育产业示范区。该示范区包括智能体育企业研发及运营总部、生产制造园区、孵化器等，建立国际化产业园中园，吸引了大量国内外智能体育技术研发、内容制作、赛事运作、设备制造以及体育相关企业，打造了智能体育产业最为先进的研发制造集聚区。另外，该示范区构建提供了完善公共服务的智能体育云平台，为体育产业上下游提供便利的接口与运营平台。

7. 数字体育跨界融合

2019 中国（金华）网红垂钓大赛是休闲体育、文化旅游、网红经济、社交电商等的跨界融合，这一大赛打造了金华市"中国垂钓城"的新地标，是地方实体经济与数字经济协同发展的新的尝试与探索。大赛通过诸如网红垂钓高峰论坛、趣味探钓之旅等系列活动，开启了"内容平台＋电商平台"联合直播模式，以内容的形式引流，从而将展会资源转化为切实落地的项目，推动了数字经济的发展。

（二）浙江省金华市"体育+"特色村（居）建设经验

1. 夯实产业基础，富村（居）富民

（1）创立特色项目。"体育+特色村（居）"的关键性特征就是突出"特色"，为了避免金华市52个"体育+"特色村（居）发展同质化问题的出现，体育特色项目应当根据当地资源条件，进行差异化发展。这些特色的运动项目包括以体育赛事、体育场馆、民族传统体育等为原发的室内项目，同时，包含航空、水上、山地户外等户外运动项目。这些特色村（居）既包括由政府主导发展起来的"体育+"特色村（居），也包括根据自身独特资源而逐步发展起来的明星村居和专业村。相关数据显示，金华市52个"体育+"特色村（居）中，总共培育并发展了将近一半数量的优势运动项目。

（2）完善产业链条。"体育+"特色村（居）的发展模式，除了发挥体育产业和体育运动自身的特色优势与价值外，还深入挖掘了体育产业的正外部性作用，即利用体育场馆、户外运动、体育赛事等，最大限度地带动了人流与资金流的集聚，推动了乡村餐饮业、旅游业等其他产业的发展，形成独具当地特色的产业发展链条，进而成为乡村经济增长的新动力。具体来说，从以下三个方面着手推进相关工作。

一是将体育赛事与休闲旅游相结合。各地区根据自身自然资源特色，引进一些标准性的体育赛事，辅以相应的体育基础设施。其通过体育赛事的举办，打造一条以赛事为核心，融合健康养生、生态观光的精品旅游路线。

二是将田园风光与户外运动相结合。户外运动天然地与运动举办地的风光相融入，一些户外运动项目甚至需要与当地的地理环境和自然风光进行充分的结合。由于不同的地理环境，项目的展示形式、比赛方式都有可能有着较大的差异性。这就是地方环境给项目运动带来的特色优势。观众可以通过一项体育赛事的举办深入认识一个地区的地方特色和风土人情。

三是将运动休闲与传统文化相结合。兰溪市诸葛镇诸葛村是诸葛亮后裔的聚居地，其以"八阵图"建筑集群闻名国内。诸葛村设置了三国争霸等一系列拓展类的游戏，极大地提升了参与性与趣味性。

（3）发展"新经济"。"体育＋特色村（居）"借助网红经济和新媒体技术的发展，积极通过"体育＋直播带货""体育＋云购"等系列主题活动吸引大量客流，促进当地经济的发展。其以"新经济"的发展模式，创新当地经济的发展模式，不断丰富经济的发展势态。

2. 机制创新发展，改革发力

（1）激发潜力。在机制创新发展、促进改革不断推进的进程中，金华市"体育＋特色村（居）"通过激发人才活力推动乡村振兴工作的不断发展，具体工作从以下两个层面进行呈现。

第一个层面是充分激发乡村的内生动力，发挥村民的主体力量。一是激发乡村领导组织的创新性与实干性，鼓励有文化、有能力、有见识的人才投身到乡村振兴的发展。二是通过各种方式留住乡村本地人才。"体育＋"特色村（居）项目创造了大量的就业机会，一个优质的体育产业项目可以广泛地吸引各方面人才回乡参与乡村建设。

第二个层面是吸引外地人才。一是通过"体育＋"项目的形式，增加乡村就业机会，吸引外部人才。二是借助培训的方式，吸引专业型人才。三是挖掘外地游客的经济价值，通过多样化的服务满足不同游客的个性化需求。四是打造乡村振兴"会客厅"，"体育＋"特色村（居）将体育与旅游深度融合，将户外活动区域延伸至乡村，促进城乡人口交流互通。

（2）盘活资金。资金在乡村振兴的进程中发挥着重要的作用，对于资金的使用，"体育＋"特色村（居）从两个方面进行了优化，以提高资金的使用率。一是在项目筹建前期，通过各种融资方式，逐步形成融资稳步增长的长效机制。二是以效益为引领、模式适用的经营理念,形成更加多元化的经营管理模式,积极探索盘活资金的方式。

(3)激活土地资源。农村地区虽然有着广阔的土地资源,但土地资源依然是制约农村体育发展的关键因素。金华市"体育+"特色村(居)在探索实践的过程中,让各产业都发挥出最大效能,构建坚实的产业基础。另外,其通过土地流转的方式,增加土地的使用率,提升土地使用价值。

3. 创建集群,引领带动

(1)村村联动。"体育+"特色村(居)利用自身特有的自然地理优势和村落间和谐的关系,进行村与村间的联动,形成产业集群,促进体育产业的发展,不断提升乡村的经济发展水平。通过产业一体化,村与村间构建起协作统筹的平台,各村在进行体育产业的合作中,资源、信息、人员、生产要素等,都会使村与村间更加深入联动。

(2)城乡资源互补。城乡一体化发展是乡村振兴的具体实现途径,是解决对立的城乡二元结构矛盾的有效方式,而"体育+"特色村(居)紧抓体育这一关键切入点,以体育产业的发展为主要依托,促进城市与乡村一体化的深入推进。具体来说,"体育+"特色村(居)从以下四个方面展开了工作。一是通过体育产业的发展平衡城乡间人员流动,以"体育+"特色村(居)为重要凭借,吸引城市人口向乡村流动。二是引进优质体育项目,吸引社会资本投资体育旅游领域。三是以体育建设促进土地资源融合。四是提速村庄整治。重点强化乡村服务城市产业发展,承接城市外溢功能,满足受众消费需求。

(3)以点带面,示范引领。金华市"体育+"特色村(居)发展集中体现了项目的创新推进模式,并且创新了运营内容以及融合发展的模式。另外,其可复制和推广的模式可以广泛应用于其他地区。

4. 突出重点，宜居宜业

（1）农村基础设施不断改善。"体育+"特色村（居）在农村公共基础设施建设方面做了很多工作，体育场地在乡村建设中占有更大比重。一些体育场地不仅可以满足当地村民休闲健身的需求，有的甚至还达到了承办国际赛事的标准。另外，因更多体育赛事和体育旅游项目开发的需要，特色村（居）在农村基础设施改善方面进行了大量整治，有效地改善了农村环境面貌，美化了村民的居住环境。

（2）自然生态治理持续加强。"体育+"特色村（居）产业的发展离不开当地特有的环境资源。农村体育项目的开发理念是将体育融入自然，体育融入乡村资源，形成具有本地特色的休闲特色项目。另外"体育+"特色村（居）依据现代环境治理理念，对乡村闲置的土地资源进行了再开发，将其改造成环境友好的体育基础设施，对村容村貌发挥了积极作用。

（3）群众精神风貌不断提升。"体育+"特色村（居）在景观方面的建设促进了乡村环境彻底改善，丰富了乡村的精神文化内涵，同时，激活了传统地方特色，在一定程度上提升了村民整体素质。其在为村民提供了丰富的体育、健身、娱乐的新方式的同时，满足了村民追求美好生活的愿望，探索出了一条乡村振兴的新路径。

三、江苏省县域体育产业发展经验

（一）江苏省县域体育产业发展的基础

1. 雄厚的经济基础

江苏省县域经济是江苏省整体经济发展的重要组成部分，是推动江苏省高质量发展、提振区域经济核心竞争力的关键路径。2020年底，中国社会科学院财经战略研究院发布了《中国县域经济发展报告（2020）》，其中指出，在全国百强县经济综合竞争力排名中，江苏省占有25个，占据全国的 1/4，其中，江苏省有 16 个县的地区生产总值超过千亿。江苏省雄厚的县域经济基础，可以为江苏省县域体育产业的发展持续提供动力。

2. 体育文化底蕴深厚

在江苏省县域范围内，体育运动项目和传统体育非物质文化遗产最具代表性。体育运动项目是体育文化的直接体现，其中包含着当地人文历史、对自然环境的改造智慧、努力奋发的精神状态等重要信息。江苏省县域已经形成了较为成熟的运动项目赛事文化，并且开发了一批具有地方特色文化的体育运动项目，如常熟市水上运动、丹阳市篮球等。通过这些传统运动项目赛事，体育运动逐渐成为人们心中重要的生活娱乐方式，居民自主运动的意识也得到进一步加强，有利于养成良好的运动习惯，体育消费也因此得到极大提升。

3. 体育产业载体类型丰富

（1）体育产业基地效应显著。到 2021 年 4 月，江苏省县域范围内共有 8 个国家体育产业示范项目、5 个国家体育产业示范单位、5 个国家体育产业示范基地，为县域体育产业规模的不断扩大、经济不断提升、特色化发展提供了持久动能。

（2）体育服务综合体发展迅猛。到 2020 年底，江苏省完成了三批共 43 家省级体育服务综合体的批设，其包括全民健身中心型体育服务综合体、体育中心型体育服务综合体、商业中心内嵌型体育服务综合体和其他类型体育服务综合体。其中，在县域内建成的省级体育服务综合体有 11 家。

（3）体育健康特色小镇形式丰富。在体育健康特色小镇建设的道路上，到 2020 年底，江苏省已建成 42 个体育健康特色小镇，其涵盖了文化、旅游、健康、养老、电竞等方面。这些特色小镇的良性发展为县域体育产业的发展起到了巨大的引领作用，激活了示范效应。

（4）体育公园建设工作成效显著。到 2021 年 5 月，江苏省已累计建成的体育公园有 1 016 个，形成了省、市、县、街道、行政村的五类层级体系。公园内配备丰富而专业的体育运动设施，同时，服务功能也逐渐完善，满足了群众对于体育活动的广泛需求。

（二）江苏省县域体育产业发展的主要做法

1. 先行布局，重视制造业产业优势迁移

江苏省在发展县域体育产业的过程中，对原有产业优势的辐射溢出效应极为关注，江阴等地一些较早形成的国家体育产业示范基地在发展初期就已经注重将原有产业优势向体育产业进行迁移的工作。江苏省前期经济的大发展，为制造业产业优势迁移打下了一个良好的基础，一些现有的设备、人才、技术、制度等向体育产业进行迁移时，都有助于体育产业的快速发展，使体育产业能够站在较高的起点，积蓄强大的发展动能。

2. 注重政策引领与专项引导，发达县区围绕国家体育产业示范基地进行建设

江苏省县域体育产业的发展，尤其注重政策层面的引领和扶持作用，以及专项引导。在进行县域体育产业总体发展规划时，政策把控大方向。各县区根据自身发展状况，制定更为具体的细则。这些规划都明确了发展目标、功能定位，确定了主要任务，指出了重点发展的业态形式，明确了政策保障的具体内容，从各方面对县域范围内的体育产业发展提供了系统的布局和规划。

3. 统筹协调，区域体育产业深度挖掘与整合

江苏省在县域体育产业的发展过程之初就极为重视对产业资源的深度挖掘与整合工作。其梳理了现有的体育资源发展的资源优势，诸如体育旅游、体育康养、体育会展、体育用品的制造与销售等方面，将各种

体育资源进行有效整合，使多元化业态融合发展，不断完善产业业态的总体布局。

4.县域体育总体布局与特色发展同步协调

江苏省县域体育产业发展在总体的布局基础上，与本地区特色发展保持同步协调。有些地区以体育旅游品牌为产业支撑，体育产业与旅游产业共同发展；有些地区以体育竞赛表演为产业主导，带动其他产业同步发展；有些地区以体育产品制造和销售为重要的产业优势，与其他产业业态形成广泛的关联，带动当地经济发展。

5.体育产业与体育事业协同发展

体育产业具有产业与事业的双重属性，是重要的民生产业。江苏省在县域体育产业的发展中极为重视体育产业与体育事业的协同规划和发展。体育产业的发展，不断满足当地人民对体育健身的强大需求。江苏省县域范围内因体育产业的不断发展，相关的体育基础设施也得到极大升级改造。居民在体育方面的消费也在逐年增长。体育产业激发了当地体育事业的全面发展，以及当地经济的全方位发展。

6.尊重市场资本配置作用与社会力量的产业主体地位

江苏省县域体育产业的发展，离不开资本的参与。产业的发展需要大量的资金支持，因此，资本的有效配置是体育产业良性健康发展的重中之重。同时，社会力量参与体育产业的发展，聚合一切可以汇集的资金与力量，对体育产业的长久发展具有重要的意义。

（三）江苏省县域体育产业发展的提升路径

1.县域体育产业统筹发展助力乡村振兴

乡村振兴是县域经济发展的重要抓手，而县域体育产业的发展可以有力地助推县域经济的不断发展。从产业发展的角度来看，体育产业的发展可以带动更多人参与其中，提升居民的整体身体素质。从行业发展的角度来看，体育与农业的融合能够发展乡村体育旅游、体育旅游农业、研学体验农业等细化领域，在促进农业升级发展的同时，使体育产业在县域范围内的发展也更具地方特色。

2. 完善产业基础设施，优化产业环境

基础设施水平的高低影响着体育产业是否可以健康、可持续性发展，同时，基础设施是推动体育产业发展的重要因素。江苏省各地经济发展不均衡，也就致使各地的体育基础设施的质量参差不齐。因而，一些地区不断完善体育产业基础设施，为县域体育产业的发展提供了坚实保障，以最大限度优化产业发展环境。

3. 人才建设，政策供给，协调发展

县域体育产业的发展，需要大量人才参与其中，体育相关部门应当建立吸引人才的完善体制机制，以最大限度激励人才的涌入。与此同时，助力县域体育产业发展的相关政策措施也应当紧跟到位，促进县域范围内协调发展。不但县与县间需要进行体育产业相关工作的协调统筹，而且体育产业与其他产业间需要进行广泛而深度的融合和协调配合，不断优化体育资源的合理配置。另外，各体育相关部门间也应进行有效的配合与协作。

4. 挖掘利用产业资源，构建产业结构布局

2018 年以来，江苏省加快了经济转型的速度，为县域体育产业的繁荣发展提供了一个良好的发展时机。江苏省各地有着丰富的自然资源、多样的地理地貌、深厚的人文特色，对县域特色的深入挖掘有利于体育产业的特色化发展。体育产业结构布局在趋于成熟的基础上，可以有效地借助这些地方的特色资源优势，优化产业结构布局。

5. 强化赛事主体作用，打造县域体育赛事品牌

在县域体育产业的发展中，体育赛事是重要的组成部分，产业发展应当不断强化体育赛事的主体地位，形成自有的体育赛事品牌效应，向更高端的体育产业发展道路迈进。未来县域体育产业的发展应向高端化与品牌化方向发展，秉持品牌意识，对体育产品进行持续性的升级，不断提升体育产业的服务质量，培育更多具有当地特色的体育赛事品牌。

6. 完善体育消费政策，创新体育服务产品，促进体育消费升级

目前，居民在体育方面的消费逐渐转向以健身消费为主导、户外体育消费不断增长、观赏性消费需要进一步挖掘的整体发展形势。因此，要不断创新体育服务产品的供给方式，对体育消费进行持续性的政策创新，以体育消费带动体育产业的创新发展。体育消费在多个方面都具有指导性、基础性、刺激性的作用，其中包含土地使用、财务税收、人才培养、企业投融资等方面。具体来说，可以减少低端体育产品的供给，扩大有效和中高端产品的供给，发放体育消费券或优惠券等，持续激发消费者进行体验型消费，激发群众体育消费的各种需求。

四、安徽省体育旅游发展经验

（一）安徽省体育旅游产业发展特点

1. IP 主题活动旅游成绩瞩目

安徽省根据本地具有的特色优势，开展 IP 主题体育活动，例如，"健康安徽"环江淮万人骑行大赛、全国绿色运动会（池州）等，这些自主品牌的赛事活动，取得了良好的社会效益以及较高的经济效益。其中，2018 年举办的"健康安徽"骑行大赛拉动了 2 亿元的体育消费。

2. 民俗特色体育旅游项目受追捧

安徽省有着特色的山、河、山地、丘陵等主要的自然资源，以及多

样化的人文资源，皖江文化、淮河文化、新安文化（徽文化）等交相辉映，形成具有安徽特色的民俗体育文化。丰富多样的自然资源与民俗文化为体育旅游的发展提供了内容丰富的特色元素。人们对于民俗特色的体育旅游喜爱程度日甚。

3. 自驾体育旅游逐渐升温

安徽省多样化的旅游资源为自驾体育旅游提供了丰富的选择性。安徽省打造出了皖北经济旅游区、合肥经济圈旅游区、皖南旅游示范区三大营地集聚区，推动自驾体育旅游业的发展。安徽省先行先试，在全国范围内第一个发布了《安徽省汽车自驾运动营地发展规划（2018—2025）》，并且成立了全省性的汽车（房车）自驾运动营地协会，为自驾运动的发展，提供了一套标准化、专业性的沟通交流平台，同时，为安徽省"体育＋旅游"产业的协同发展提供了一个创新的思路。

（二）安徽省体育旅游产业发展经验

1. 统筹联动发展

安徽省体育旅游产业的高速发展，离不开安徽省体育局、省旅游局、省发改委、省财政厅等多个部门的通力合作，体育产业发展的相关政策能够协同一体化发展，各部门间的联动效应也在逐步凸显。安徽省体育局联合省农委、省林业厅、省发改委、自然资源厅等 11 个部门，在全国先行出台了《安徽省汽车自驾运动营地发展规划（2018—2025）》。此规划依托安徽省主要自然旅游资源，确立主要发展区域进行产业化发展，从具体行动上推动体育旅游产业的发展。

2. 主动作为，融入发展

安徽省体育旅游产业在发展初期，就以融合发展的思路，将市场等因素考虑在内，主动作为，融入强省建设。首先是挤进去，充分展示自身优势特色，发挥区域优势，助推经济社会发展。其次是融进去，融入省重点工作，主动参加全省重大项目建设，建言献策，促进体育与各产业的融合。最后围串起来，充分发挥政府部门的综合协调作用，整合各类资源，投资建设一批重大体育旅游产业项目。

3. 协同联动发展

安徽省强化与长三角地区、中部地区的战略合作，主动作为，增进彼此间的合作交流，从多层次、各方位进行广泛的协同发展。一是加快融入长三角地区，积极与长三角地区进行全方位的对接，推动区域产业间的有效对接与联动发展。二是与中部地区进行深入合作。安徽省与中部五省的体育产业战略合作协议在"两博会"上正式签署，安徽省与五省进行优势互补，各类进行集聚，共同建立重大体育产业项目库，联合策划组织体育赛事活动。

第三节　长三角地区体育产业的区域表现

一、一体化协作工作稳步推进

（一）形成"三个一"协作机制

从 2012 年开始，长三角地区体育产业一体化发展即已启动，经过十几年的发展，形成了典型的政府主导推进实施、由顶层向下逐步渗透的区域一体化发展的新模式。长三角大区域体育产业的一体化模式的实施，必须由政府在顶层上给予明确的方向，将政策逐步向下落到实际工作和行动中。对这一新模式进行简要概括，就是长三角地区体育产业一体化发展的顶层协作机制主要体现在"三个一"上，即"一个协作制度""一个协调机构""一个统筹规划"。

"一个协作制度"就是联席会议制度，这也是长三角地区体育产业协作工作的核心制度。其主要内容是由浙江、江苏、安徽、上海三省一市的体育局，以及上海体育学院共同组成长三角地区体育产业协作会，定期召开联席会议，共同探讨长三角地区在体育产业一体化发展的过程中的主要工作任务，协作事项，明确各部门的功能与职责，确定各个阶段的工作内容，阶段性地细化目标，以及审议决定一体化协作中的各项重大或突发事项。

"一个协调机构"指长三角地区体育产业协作会秘书处，其为一体化协作的常设机构。秘书处虽不具有行政权力，但可以处理政策、措施、决议等文件的沟通协调工作。秘书处可以有效统筹日常工作，保证日常工作的顺利开展；能够协调各项合作事宜，与两方或多方进行高效沟通，提前协调工作安排事项，为合作事项的进一步沟通做好前期铺垫；可以加强信息有效而深入对接，汇集各方信息数据，进行分类整理，统筹分配，将相互关联信息进行有效对接，不断强化信息的处理与对接能力；可以有序地组织重要会议，对重要会议前的准备工作进行妥善安排，提前与参会各方进行沟通，布达会议主要研究事项、各方预期到会情况和参会人员情况，细致配置会议中所需物品，并将会议筹备情况告知会议组织方。除此之外，秘书处还应做好应对会议中突发情况的应急预案。

"一个统筹规划"指《长三角地区体育产业一体化发展规划（2021—2025）》，这是浙江、江苏、安徽、上海三省一市体育局以及上海体育学院联合编制并发布的区域体育产业一体化发展的根本指导性文件。这一规划从八个方面提出了具体的任务与要求，包括长三角地区体育产业体系建设、体育产业空间布局、一体化示范引领、市场主体培育、创新要素驱动、区域体育赛事联动、一体化体制机制创新以及区域发展贡献度提升。规划从大的体系、空间布局、一体化方面进行了细致的明确，同时，从更为具体的市场主体、创新要素、体育赛事、体制机制、区域发展贡献度方面对工作进行详细部署。

（二）一体化协作项目全面推进

在长三角地区体育产业一体化协作发展中，项目是体育产业发展的着力点，各相关方对此都形成了统一的认识。长三角地区三省一市通过各领域项目的不断推进实施来推动体育产业的一体化协作发展。欧洲地区一体化进程就是通过具体项目的实施不断推进形成的，这也就有效地避免了只有规划和措施，而不能将其真正落地执行的问题。[1]2019—2020年，浙江省、江苏省、安徽省、上海市围绕15个重点项目进行协作。其间，虽然国际大环境风云多变，但长三角三省一市还是通过各种方式，承办了多项赛事。2020年O-TOUR中国长三角定向越野巡回赛、不止骑·2020第八届24H单车环太湖认证赛等比赛通过线下的方式成功举办，2020年环太湖国际公路自行车赛则以线上的形式举办。自从2019年杭州马拉松、南京马拉松和合肥马拉松联合推出了长三角马拉松直通车以来，马拉松第一次实现了跨区域赛事参赛资格的互通。在此基础上，2020年，上海市也推出长三角地区半程马拉松比赛，并且赛事男女前200名运动员可获得直通2020年上海马拉松比赛的参赛资格。虽然期间由于各种原因，赛事的举办遇到了一定的阻力，但马拉松比赛初步打通了长三角区域性比赛的参赛渠道，这为之后长三角地区承办其他更为大型的国际性的体育赛事铺平了道路。除参赛资格之外，长三角地区还会在比赛的其他事项上进行区域性的协作与互通。另外，体育产业在区域性的协作中，可以将原本一个城市不能承办的大型国际性赛事，通过区域一体化协作的方式顺利实现承办。

在特色品牌活动方面，长三角地区举办了第七届和第八届长三角运

---

[1] 刘志彪，姜宁.全面深化改革与中国长三角地区的试验[M].北京：中国人民大学出版社，2015：153.

动休闲体验季活动，为参与活动的市民和观众提供了各式具有特色的体育活动体验。参与者可以在体验季上，切身感受新鲜的体育运动，体验最新的体育用品，感受最新体育理念带来的特殊体验，享受不一样的体育服务。

从 2019 年开始，长三角地区体育产业协会推出了"长三角地区精品体育旅游项目"评选活动，向人们展示长三角地区独具特色的体育旅游资源，推广优质的体育旅游项目产品。在以体育旅游带动体育产业发展的同时，长三角地区让体育产业向生活性服务业转型，以满足不同人群对于体育的需求。值得注意的是，体育产业与旅游业进行融合，不仅可以丰富和拓展体育产业发展的样态，还能将旅游业的消费者引向体育产业的范畴，激发旅游群体对体育的喜爱和关注，进而促进体育产业的持续健康发展。

在平台建设方面，就目前来看，长三角地区已经建成的一体化特色服务平台包括长三角体育产业信息发布平台、长三角体育资源交易平台、全域户外运动信息平台等。2020 年 1 月，长三角体育资源交易平台建立，主要围绕长三角地区体育产业的发展，使体育资源实现共享，数据信息实现互通互融，以促进平台互建，共同拓展业务。全域户外运动信息平台主要通过数字平台的搭建，围绕长三角地区户外运动资源，实现信息的分享与使用，其汇集的信息包含体育旅游目的地、休闲项目、休憩营地、户外徒步路线等，为体验者提供各种所需的体育服务信息。该平台前期在浙江省范围内先行先试，未来将逐步在长三角地区的其他三个省市进行全覆盖。

二、产业融合引领发展

（一）体育与旅游融合加速推进

随着经济社会的发展，人们生活水平不断提升，体育消费进一步升级，全域旅游发展迅猛，人们对体育活动和旅游活动的形式和内容提出了更高的要求，更加注重消费的品质以及个人体验，对于消费有着各式不同的需求。产业在融合发展的过程中出现了新的趋势，同时，产生了新的机遇。人们更加追求个性化、休闲性、特色化、体验性。在旅游的过程中，人们不再满足于单纯的打卡式旅游，而是更加注重旅行途中或是在旅游目的地的感受和体验；人们不再一味跟风扎堆同去一个目的地，而是会精心筛选出具有当地特色的地方。现代人们的生活节奏越来越快，大部分时间都处于精神紧绷的状态，因此，也就希望通过旅游的方式调节和控制自己的情绪。

体育与旅游之间本身就具有诸多关联性，二者都可为消费者带来轻松愉悦的感受，都可以以服务的形式满足消费者的不同需求，都可以通过周边产品，将内容和文化转化为实体产品。基于以上这些方面，体育与旅游可以进行深度的融合。

长三角地区是我国体育产业和旅游产业较为发达的区域之一，区域内有着完备的体育设施和旅游设施。长三角地区是我国重要的体育旅游消费客源市场。在供需市场的共同作用下，长三角地区的体育旅游产业得以迅猛发展。浙江、江苏、安徽、上海三省一市根据自身具有的独特体育资源及旅游资源，分别形成了具有自身特色的体育旅游项目。

上海市重点推进都市体验型体旅融合项目，在传统的都市休闲目的地中添加运动休闲项目，以增加项目的休闲性。例如，上海铁马生活城市骑行路线将旅游路线、文化街区、都市景观深层次融入骑行运动，在提升了骑行运动趣味性的同时，最大限度地提升了旅游项目的丰富度。体育运动通过旅游项目的融入，不只给观众带来非一般的感官享受，也为参赛运动员提供了特殊的参赛体验，有时可以在一定程度上提升比赛运动员的竞赛成绩。成绩的提升，进而推动了该项体育运动的推广。而从旅游业角度来看，体育运动的融入，可以丰富旅游内容，提升旅游服务附加值，可以提供更为丰富的旅游服务或产品。从消费者角度来看，体育与旅游的深度融合，可以提高消费者对体育与旅游融合项目的关注度，提升消费者参与其中的兴趣。新颖的项目呈现形式可以激发消费者的消费热情，进而提高体旅融合的经济收益，增加整体项目经济效益。

浙江省将自身自然旅游资源方面的特色优势充分发挥出来。当地旅游项目与运动体验项目进行深度融合，开发出独具当地特色的、兼有运动属性与观光属性的体育旅游项目。不管是在旅游目的地的选取上，还是在旅游线路的设计上，其都充分考虑体育与旅游的兼顾和融合，既充分发挥了二者的融合优势，也凸显了各自特色。例如，浙江省安吉县云上草原高山体育旅游度假区的体育旅游项目，将攀岩、滑翔、滑雪等运动项目与高山旅游项目进行结合。特别是户外运动项目，可以充分借助旅游目的地的自然资源优势，形成具有自身特色的体育运动项目举办地风光，随着运动赛事活动举办场次的增加，人们对这一赛事的关注度逐渐提高。一些观众或游客倾向于体育运动项目本身，对体育运动有更大的喜好；另一些观众或游客侧重于欣赏目的地引人入胜的自然风光。体育与旅游融合，其中一个巨大的优势便是一个项目既可以满足受众不同的消费需求，也可为其提供更为丰富的产品或服务。体育项目融入旅游项目，可以通过人们对体育运动的关注度，引导人们对旅游目的地的关注，这也提升了旅游目的地的知名度，进而带动当地经济发展，通过体育与旅游地融合为当地经济发展提供新生动力。

安徽省将民族传统特色运动项目与民间智慧相结合，形成花鼓灯、亳州五禽戏等民俗体育旅游体验项目。民俗体育旅游体验项目的推出，可以让观众从民间传统运动项目中体验民间智慧，优秀传统文化的融入可以丰富和补充体育运动项目内容和形式。借助优秀传统文化和民间智慧持久的魅力，体育运动项目的长远发展被注入强大动力。

江苏省通过打造"环太湖""大运河"等一系列品牌赛事，提升自行车、马拉松等观众的参与度，拓展运动项目的覆盖面，通过旅游强劲的拉动能力，最大限度地提升人们对于体育项目的关注程度，并以此形成体育旅游产业独特的竞争力。体育项目可主动筛选匹配的旅游项目进行融合，与此同时，当地著名的旅游目的地可主动选择与体育运动进行深度融合。例如，江苏的太湖景区、大运河景区等，借助自身优美的自然环境，承办自行车、马拉松等户外体育比赛。体育比赛的举办，扩大了旅游目的地知名度，吸引了更大的客流量，带动了当地体育事业以及旅游业的发展。

（二）体育与医疗的试点融合

随着人们收入的增加，生活质量的提升，人们逐渐对健康的关注越来越强烈，我国建设健康中国的一个重要理念就是推动健康关口前移。体育与医疗进行全面而深入的融合，可以有效应对目前阶段我国面临的人口老龄化、医疗负担增加、公共健康等问题。《"健康中国2030"规划纲要》中明确提出要"加强体医融合和非医疗健康干预""发挥全民科学健身在健康促进、慢性病预防和康复等方面的积极作用"；《全民健身计划（2021—2025年）》中将体育与卫生健康的融合作为"十四五"时期全民健身发展的重要任务，提出"探索建立体育和卫生健康等部门协同、全社会共同参与的运动促进健康模式""推广体卫融合发展典型经验"等工作要求。早在2016年，长三角浙江、江苏、安徽、上海三省一市就开始对通过体育与医疗融合的手段提升居民健康水平进行探索，并在探索中逐渐形成独具区域特色的发展模式。

上海市有着广阔的消费市场，居民有着较高的收入水平，文化程度也较高，思维更灵活、更开放，消费者更容易接受新生事物，对于新兴业态以及新的融合模式有较高的认可度。上海市更多地依托各类市场机构，为受众提供体医融合的服务，这种根据市场需求进行运作的模式成为上海体医融合的主流。对大众点评上"康复类"商户的检索结果进行统计和筛选可以看出，上海市能够提供体医融合服务的市场机构超过1000家，其中包括体态调整、亚健康调理、术后康复、运动损伤康复等。从机构的形式来看，大部分机构是以运动康复工作室的形式为消费者提供服务的，另外少数市场机构则是具有医疗资质的民营医疗机构、健身房、健身工作室等。

江苏省主要通过体育医院的形式，进行体医融合的实践。江苏省在2021年出台了《省体育局关于印发〈江苏省运动促进健康中心建设试点工作方案（试行）〉的通知》等文件，规定江苏省人民医院（南京医科大学第一附属医院）、南京市溧水区中医院、扬州市体育康复医院、常州市体育医院、镇江市丹徒区世业镇卫生院五个单位被列为2021年江苏省运动促进健康中心试点单位，作为江苏省探索建立运动促进健康模式的载体。在相关文件指导的基础上，江苏省以医院或卫生院为主要载体，通过提倡运动的方式，提升居民健康水平，并设立特定的健康中心，以试点的形式由点到面不断拓展影响范围。

浙江、安徽两省通过各种方式，推进体育与医疗的深度融合，从各角度不断推动健康关口前移。具体举措包括省体育局与省卫健委共建运动医学中心、开展慢性病干预治疗项目、举办运动处方业务培训班、设立社区体质健康监测站等。在体医结合的发展途径上，两省在最高一级的体育局和省卫健委的组织下，通过运动医学中心的建立，引导并示范体育与医疗结合的方式与具体内容，探索新的发展道路。各地方与体育和医疗相关的单位或机构借助良好的发展形式，针对具体需求和问题，通过项目形式进行探索与实践。其举办各类细分领域的培训班，培养相关专业人员，提升各类从业人员的素质，从而提高体育与医疗融合的整体人员能力。另外，基层社区建立体质健康监测站，对居民体质水平进行实时监测，全面而及时掌握居民的健康状况，为下一步制定更有针对性的体医融合政策措施以及探索新的实施对策提供准确的健康数据。

（三）户外运动产业特色突出

长三角地区有着得天独厚的自然资源环境，山、水、田等资源丰富且多样，具有独特的地域特色，因而，具有开展户外运动的天然优势。长三角地区借助这一优势，开展各种形式的户外运动，并以此形成具有规模效益的体育产业。

浙江省有着"七山二水一分田"的良好自然禀赋，户外运动的不断推广是体育产业发展的重要切入点，2019年，浙江出台了《浙江省户外运动发展纲要（2019—2025年）》，为该省户外运动的发展指明了大方向，随后，丽水、湖州等地区也纷纷出台了户外运动的发展规划，并制定了户外运动的发展目标。目前，浙江省已经先期形成水上、山地、航空全方位覆盖的户外运动业态体系，其中，山地户外运动的核心项目有汽车越野、自行车、定向穿越、露营、徒步、登山等，水上户外运动的核心项目有海钓、潜水、冲浪、皮艇、帆船等，航空户外运动的核心项目有运动飞机、热气球、滑翔伞等。不管是水上类、山地类，还是航空类的户外运动，都可以依靠浙江省当地优质的自然资源与风光景色，增加户外运动的观赏性，增加运动的趣味性，提高观众的参与度，刺激体育产业消费水平的提升。

江苏省主要围绕体育公园的载体形式，促进全省户外运动的大发展，微信公共平台的数据显示，截至2020年底，江苏全省已建成1016个体育公园、47片冰雪场地、15个航空运动机场、194个水上运动场，以及102个汽车赛车场、卡丁车运动场和摩托车运动场，为居民的不同爱好和需求提供形式丰富的户外休闲活动的场所。江苏省紧跟时代发展的趋势，建立一些深受人们喜爱的运动场地，丰富多样的类型可满足不同受众群体对体育运动的需求。

长三角地区浙江、江苏、安徽、上海三省一市通过户外运动赛事活动的举办和实践，逐步提升了户外运动项目的知名度，提升了人们参与户外运动的热情。未来，随着户外运动的不断发展，户外运动还会吸引更多人参与进来。浙江省举办了户外运动大会，江苏省建立了"亚洲户外节"的自主赛事品牌，这些户外运动赛事活动形成户外运动产业发展的新趋势。

浙江省户外运动大会自 2019 年开始举办，大会通过"1+N"的办会方式，开展各种丰富多彩的特色活动。户外运动赛事在运动体验、运动音乐、运动露营等环节上不断增加新鲜、奇特、惊险刺激的运动内容集中展示给观众。为了满足不同人群的需求，大会设置了 40 多个户外运动项目。2020 年，第二届户外运动大会在第一届的基础上推陈出新，设置了"2020 年浙江省首届最酷运动俱乐部"的评选活动，并向全国征集十佳音乐作品。时代在不断向前发展，每年都会出现新热点、新技术、新理念等，户外大会需要不断紧跟时代发展的步伐，及时捕捉最新信息，与时代同步，迎合时代的最新需求。

通过较大范围的户外运动赛事或是运动会的方式，可以为专业选手以及业余爱好者提供一个交流沟通的平台，让更多人参与其中，是户外运动或是其他体育运动项目得以持续良性发展的一个必要前提。

浙江、江苏、安徽、上海三省一市在省内、国内，甚至是世界范围内，都尽可能多地组织一些大型的户外运动赛事，可以为参与其中运动员或户外运动爱好者提供更多展示自己和体验的机会，增加人们对于一项运动交流沟通的机会，是提升一项运动行之有效的方式。户外运动或其他类型体育运动的长远发展，需要参与者在提供的各种平台上积极发挥自身作用。

三、数字体育培育发展

（一）智能制造赋能助力

近些年，全球风云变幻，不确定性因素增加，全球供应链体系和国际贸易受到极大冲击，这也给体育产业的发展带来不小的影响。在这种情形下，长三角地区体育用品制造业寻求新的发力点，改变原有的生产模式，利用新技术、新思维，结合市场的需求与趋势，探索新的发展模式。其更多地利用创新和融合的方式，更多地通过新技术的使用，走一条适合自身发展的道路。在体育用品制造业的发展过程中，智能化转型的趋势已不可阻挡，每个企业都面临产业转型的难题，不是选择转型或不转型，也不是选择什么时候转型的问题，而是智能化转型的方向已经确定，要通过什么样的方式进行转型，怎样用最短的时间完成转型。智能化融入体育用品产业，能够提高产品的生产制造效率，最大限度降低生产成本，节省人力，可以让生产制造更有针对性，能够满足不同消费群体的各种需求，实现定制化生产。长三角地区体育用品制造业复苏的最有利时机可能恰恰就在这段充满不确定性的时期，这种不确定性可以让几乎所有企业都开始思考自己的发展模式，以及以往的生产经营流程是否本身就存在一些问题，只是不确定的外部因素刺激并引发了一些有待解决的问题。

在长三角地区，体育用品制造业在区域内体育产业的发展中占据着重要的地位。当下各种新技术、新理念不断涌现，人工智能、大数据等耳熟能详的技术都在体育制造领域得以逐步应用，这也促使产业内部的自主创新意识增强，加快了产业以及企业转型升级的速度。

江苏省、浙江省、安徽省是长三角地区体育用品生产制造的重要省份，在原有扎实的生产制造基础上，三省体育用品生产制造企业在进行智能化转型时，凭借自身优势，可以稳步向前推进。浙江省的英飞体育、针永体育和江苏省的金陵体育，通过生产注水线的升级改进、智慧化工厂的新建等方式，提高产品品质与设计水平，增强市场竞争力，在竞争激烈的体育用品市场中占据有利位置。另一些企业则侧重科研的投入，注重技术的升级迭代，始终将最前沿的技术应用于体育用品生产制造中。

例如，安徽华米科技利用 AI 算法、操作系统、生物传感器、芯片等技术手段，研发和制造智能可穿戴设备。根据华米科技 2021 年第二季度财报，截至 2021 年 6 月，该公司已经获得授权的专利有 550 项。另外，国际数据公司（IDC）发布的 2021 年第一季度可穿戴设备报告显示，华米科技旗下品牌智能手表出货量已经挤进全球前四的位置。

一方面，体育用品制造企业应当积极利用新兴技术和手段，在生产制造环节中发挥其最大作用；另一方面，体育用品制造企业应当强化知识产权保护的意识，对于自身研发的新技术、新设计，最大限度地保护自身专利技术，能够保障自身利益。

金陵体育在转型升级的道路上启动的第一个项目是"智慧篮球"。金陵体育打造了一个 16000 平方米的全智能篮球架集成化生产的车间，利用了机器人自动化设备和信息技术等先进的技术手段，让企业在生产制造篮球架近百个零件的过程中实现了高精度的集中与加工处理。这种全新的生产方式，让篮球架的品质从根本上提升了一个档次，年产量也达到了 3 万副。从中可以看出，信息技术、人工智能的应用，不只是为企业提升了产品的质量，同时提升了产品的生产数量。"质"与"量"的双向提升，是以往的其他技术手段无法达到和匹敌的。

目前，金陵体育参与起草了篮球架、田径器材等多项国家标准和行业标准。公司的诸多产品也通过了国际篮联、国际排联、国际田联、国际手联认证，金陵体育也是 2016 年里约奥运会排球器材的供应商。体育用品制造企业在将自身产品做好、做精的同时，需要进一步考虑产品质量标准起草与制定的问题，向标准靠拢，让标准引领产业发展的大方向，让中国企业在世界舞台上积极参与，积极作为，主动展示自己的技术与创新，让世界体育用品市场上更多地出现中国的身影。

（二）数字经济布局筹划

数字经济是经济转型发展过程中的重要动力，数字技术的应用可以有效地推动传统产业与科技融合，并为传统产业创新性发展提供强大动能。数字技术可以促进体育产业的高质量发展，从根本上以改变传统体育产业的生产制造模式，重建生产制造流程。传统体育产业具有的原始属性中的效率低可以通过数字技术的使用而得到根本性的改善，还可以进一步促使企业不断进行技术创新，不断提高创新的速度。长三角地区尤为重视数字经济在体育产业中的布局与规划，并率先在公共体育服务的各细分领域进行尝试，也取得了显著的效果。

1. 数字技术赋能公共体育服务

浙江省、上海市分别推出全民健身电子地图"浙里办""来沪动｜健身地图"，覆盖了省市内的主要健身场馆，并提供了多种便民服务功能。例如，线上支付、优惠券领用、在线预约、地图导航、场馆查询等，这些功能的使用能够大大提升公共体育服务的效率和质量。

数字技术在体育产业中的应用不仅能提高体育产业的发展模式，提升体育用品生产制造的效率与品质，也可以对体育产业发展过程中产生的一系列数据进行实时监测，让管理者实时了解体育产业发展的动态信息，及时做出有效的政策措施的调整，为下一步体育产业的发展提供精准的数据支撑。体育产业的数字化转型，特别是在公共体育服务领域内的大量应用，可使数字化平台的提供者获取大量数据。这些在实际应用过程中产生的大量数据会随着数据的不断丰富、数据产生的主体数量不断增加，发挥出越来越重要的价值。

消费者在使用一些便利的应用软件时，每个行为或每次操作都会产生相应的数据，这些精准而全面的数据都可能为体育产业未来的发展提供一部分数据决策方面的支撑。未来，随着数据量的不断增加，使用人群的范围不断扩大，与体育产业发展相关的数据会逐渐趋于全面而具体。对于顶层设计的决策者或管理者来说，制定的决策会更贴近实际，也更能解决实际问题。体育产业有了数字技术的赋能，解决了之前信息不充分、在制定决策时没有充足的数据信息可供参考的问题。未来，数字技术可能在体育产业中覆盖更广阔的范围，当体育产业中的各环节、各渠道，以及各类产品的研发、生产、制造和销售的过程中都有了数字技术的融入，并且数字技术系统不断升级后，顶层的管理者将对体育产业的发展进行实时的监控，或许相应的决策方式也会发生较大的改变。

2. 体育场馆的数字化改造升级

从 2017 年开始，浙江省黄龙体育中心就进行智能化改造，并依托其下属的浙江黄龙呼啦网络科技有限公司自主研发的智慧场馆管理系统，协助北仑、德清、舟山、湖州等省内大中型体育场馆及合肥等省外体育场馆实现传统场馆的智慧化升级改造。大数据、人工智能、标准服务模型应用在一部分体育中心，实现了体育场馆的智慧化升级，服务、管理、营销三种功能整合在一起，大型体育场馆"一体化智慧运营"的新模式在探索与创新中得以充分应用。

对现有的旧场馆进行数字化升级，可以根据各个场馆的实际使用情况、体育场馆未来的长远规划，以及区域体育产业未来发展的方向，进行有针对性的、具有自身独特性的改造升级。每个场馆的数字化改造升级的方案可能都不尽相同，但总体的改造思路大体一致，都是为体育场馆的翻新、设计、管理、营销、服务等运营的各环节提供全覆盖的数字化融入。

体育场馆各运营环节通过数字技术的融入，可以将数字化的各细分流程整合到一个系统平台之上，便于技术运营人员的实时监控，也便于体育场馆的管理者及时地了解一个阶段或是当下体育场馆的运营情况，并做出相应的调整。

对于体育场馆在运营过程中产生的大量数据，人工智能可以提供智慧的最优方案，体育场馆的管理者可以根据智能化系统平台建议的最优方案做最后决策。不管是体育场馆的数字化改造升级，还是人工智能参与体育场馆的管理与运营，都是数据和人工智能与真实的人不断融合的过程。在这个过程中，人工智能也会不断学习、优化自身的解决方案，以更好地适应特定场馆的运营管理。

人与系统不断磨合，最终会形成一个标准的服务模型，形成的标准将能够解决大部分体育场馆运营中的问题，对于随时出现的一些突发情况，系统再进行微调，以不断完善标准服务模型。

3. 赛事管理和服务水平的数字化赋能

2018 年，杭州马拉松开始进行数字化升级转型，经过几年时间的检验以及不断打磨，现已推出"数字马拉松 3.0"的整体解决方案，并且此方案已广泛应用于南京、武汉、重庆等城市的马拉松赛事。

通过在马拉松比赛中融入数字技术，每名选手佩戴臂环，实时收集选手在比赛中的身体状况信息，赛事主办者可以实时了解每名参赛选手的健康状况、身体情况、比赛状态、完赛进度等一系列信息，不但给赛事举办方医务人员提供了精准的数据信息，而且在参赛选手即将出现健康状况时，数字化系统会及时反馈信息给控制中心，医务人员可以在最短时间内到选手精准的所在位置。赛事的主办者可以通过比赛中所有选手的各项数据，分析当次比赛中整体参赛选手的身体素质情况、在比赛中的整体发挥数据和比赛中的身体消耗情况；再进一步，可以把比赛中的数据提供给选手，与之前训练时进行对比，综合分析在比赛中的表现情况和正常发挥与否，以为选手未来训练提供精准的数据参考。

数字马拉松的数字化监测技术可应用于日常运动训练的每个项目中，正式比赛中的参赛数据与日常训练的数据应当兼容，便于进行对比分析。监测设备可监测的数据可以不断进行完善，数据越细分，越可以反映人体当时的真实状态。

数字化的过程，就是人与信息不断磨合的过程，每个项目的数字化都具有自身独有的特征，如何更好地服务于数据的提供者，更能真实地反映数据主体的真实情况，是数字化的关键。数字技术必须与人工智能技术进行深度融合，人工智能将数字技术获取的数据进行智能化分析与处理，反馈给决策者，提出现有数据下的最佳方案。

四、政策创新构建营商环境

（一）突发状况精准高效处置

面对近些年的不确定性因素，浙江、江苏、安徽、上海三省一市体育局多措并举，对体育类公共场所活动进行规范化管理，为各类体育企业提供最大限度的援助支持，以减少大环境的不确定性因素对体育产业产生的影响，以更加精准高效的措施应对各类事件。在支持和援助体育企业方面，江苏省出台"体育产业15条"，提出对受不确定因素影响较严重的休育赛事、休育健身和培训等领域的企业，优先给予体育产业发展的专项资金支持。

未来，应当不断健全应对突发状况的应急处置机制，针对因各种原因影响体育产业发展的情况，政府以及相关部门应当及时出台相应应对措施以援助体育产业度过困难时期。与此同时，相关部门应当构建一套突发状况预警机制，对体育产业发展大环境进行实时监控，对于出现的异常苗头和信息，予以高度关注，并对相关体育企业发出预警信息，做好提前防范措施。

体育企业自身也理应建立一套完善的应对机制，对企业自身的生产经营状况进行实时监测，收集各生产环节的信息数据，以及社会经济发展的动态信息，利用相关数据处理软件对收集的信息进行汇总、处理、分析、研判，定期以报告的形式提交管理层和应急处置相关部门，对即将发生的各种情况给予及时反馈。

（二）"放管服"改革稳步推进

长三角地区有着坚实的经济发展基础和稳健的市场环境，体育产业发展的基础保障也得益于营商环境的全面优化。体育行政部门针对本地区体育产业发展的特征，提出并实施了一系列卓有成效的措施，这就为体育企业可以在长三角地区落地并发展壮大奠定了坚实的基础。

上海市体育局持续推进"放管服"改革，《体育赛事活动管理办法》和《上海市体育赛事管理办法》进一步推动"放管服"改革的提速与深入。上海市体育赛事信息公示、查询系统也被纳入上海市"一网通办"门户网站，赛事信息可以在线上进行更新和调整。

进行"放管服"改革，就是要尽可能地简化各项工作的流程，将各项相关事项汇总集中于一体，让居民尽可能少跑路，少操作。网上业务办理更应简化业务办理的步骤与操作，通过简单易懂的呈现形式降低居民使用时的阅读时间成本。体育赛事信息在网上可以进行实时更新和调整，便于居民及时了解相关信息，提前做好观赛前的准备。与此同时，赛事组织者也可以及时预估赛事举办时的到场人数，提前做好各项工作的处置预案。

江苏省在 2020 年出台《江苏省贯彻〈体育赛事活动管理办法〉实施细则》，进一步深化"放管服"改革，在取消商业性和群众性体育赛事活动审批之后，明确了体育赛事活动的申办和审批程序，体育赛事活动组织方、参与方及其他人员的权利和义务。体育部门和体育协会应当为社会力量举办的体育赛事活动提供一些必要的指导、支持和服务，体育部门应当建立健全体育赛事活动监管工作机制等。

江苏省以管理办法的形式明确规定了体育赛事活动各参与方的权利和义务，为体育赛事活动的良好发展奠定扎实基础，细则不只在大的发展方向上提出明确指引，还从更为具体的实施层面提出具体规范内容。另外，细则也提到了体育赛事活动监管工作机制的建立。体育赛事活动运作得如何，需要监管部门对其进行细致而全面的管理，对于在举办工作中出现的各种情况，要及时进行处理，同时，可以给予有效而全面的建议，帮助体育赛事活动的组织者更好地运营管理。

浙江省在社会力量举办体育活动方面，探索出了一些行之有效的经验，这些经验通过 2018—2020 年三年的试点工作摸索和尝试得出。在体育产业的发展道路上，社会力量的参与是其中一个重要的组成部分，体育毕竟不是一小部分人专享的事，特别是公共体育，是面向全体居民的体育事业，可覆盖广泛的范围。同时，也需要最广泛的社会力量参与其中，分享体育产业带来的各种效益。让社会力量参与体育产业的发展，需要完善各方面相应的机制，其中包括社会力量的准入形式和内容、能够从事的体育产业范围，以及体育产业发展过程中的规范。政府和相关体育职能部门应当最大限度地放开社会力量进入体育产业的限制条件，与此同时，还要给予最大限度的政策、奖金、人才、技术、市场、资源、渠道等多方面的支持，以鼓励社会力量参与体育产业发展的积极性。经过几年的试点工作探索与完善，可以将行之有效的措施落实为相应机制，在今后体育产业的发展中，再不断调整和完善。

（三）标准化建设先行先试

产业营商环境优化的重要内容是标准化建设，长三角地区体育产业正处于快速发展的阶段，标准化可能有效地避免各种类型的新兴业态市场的无序竞争。长三角地区体育产业标准化试点工作，应以点带面，首先在重点领域制定与修订标准，其次逐步形成区域性的标准。

据不完全统计，到 2021 年，长三角地区三省一市已经发布实施的各类体育领域地方标准有 15 项、团体标准有 12 项，其中，《跆拳道场所运营服务规范》《百姓健身房建设与服务规范》等多项地方标准属于全国首创，具有开创性意义。近些年兴起的一些体育旅游项目和体育运动项目，一些地方先期进行积极尝试，制定和出台各项体育旅游新业态项目的安全管理规范，在前期发展阶段，即对新兴行业的发展做好部署和规范，保障新兴行业的稳定有序发展。未来，长三角地区还将围绕标准的制定与细化，以及跨省域的共享互认做出积极的探索，最终实现区域体育市场的规范化运营。长三角地区体育标准制定情况如表 5-11 所示。

表 5-11　长三角地区体育标准制定情况

区域	标准类型	标准名称	实施时间
上海市	地方标准	《攀岩场所服务规范》	2020 年 1 月
		《上海市体育健身行业会员服务合同示范文本（2021 版）》	2021 年 1 月
		《跆拳道场所运营服务规范》	2021 年 7 月
	地方行业规范	《电竞场馆建设规范》	2019 年 8 月
		《电竞场馆运营服务规范》	2019 年 8 月
	团体标准	《高智尔球运动基础术语》	2021 年 3 月
		《学校室外运动场地合成材料面层 铺装技术规程》	2021 年 5 月
		《学校室外运动场地基础建设标准》	2021 年 5 月
		《高智尔球教练员规范》	2021 年 3 月
		《高智尔球裁判员规范》	2021 年 3 月
		《高智尔球赛事规范》	2021 年 3 月
浙江省	地方标准	《大型赛会志愿服务岗位规范》	2019 年 3 月
		《体质测定与健身指导技术规范》	2019 年 4 月
		《特色休闲示范点品质评定》（第 6 部分：运动休闲）	2020 年 5 月
		《百姓健身房建设与服务规范》	2020 年 10 月
		《大中型体育场馆智慧化建设和管理规范》	2021 年 2 月
	地方行业规范	《湖州市旅游新业态安全监督管理办法》	2021 年 4 月

续表

区域	标准类型	标准名称	实施时间
浙江省	团体标准	《篮球培训机构等级评估规范》	2020 年 10 月
		《篮球运动员技术等级认定要求》	2020 年 10 月
		《小篮球运动员技能测评规范》	2020 年 10 月
		《运动场地建设与验收标准》	2021 年 4 月
		《大型游乐设施安全管控规范》	2021 年 4 月
江苏省	地方标准	《赛事志愿服务》	2013 年 10 月
		《体育赛事信息化系统软件检测基本要求》	2018 年 3 月
	团体标准	《电子竞技产业人才岗位能力要求标准》	2021 年 7 月
安徽省	地方标准	《"体卫结合"的健康促进服务规范》	2018 年 9 月
		《体育场馆服务基本要求》	2020 年 7 月
		《运动促进健康服务技术规范》	2021 年 2 月
		《体育赛事项目管理规范》	2021 年 6 月
		《体育拓展培训服务规范》	2021 年 6 月

数据来源：根据地方标准信息服务平台和全国团体标准信息平台整理。

从表 5-11 中可以看出，最早的地方标准是江苏省在 2013 年 10 月制定的《赛事志愿服务》，其他地方标准均是在 2018 年之后制定并执行的，其中涉及体育产业发展的多个方面，既包括会员服务、志愿服务、特色休闲、体育场馆智慧化建设和管理、体卫结合、体育赛事项目管理等方面，也包括一些单项体育运动项目的场所服务。在地方行业规范方面，上海市侧重电竞场馆建设和场馆运营服务，浙江省湖州市则出台了旅游新业态安全监督规范。在团体标准方面，上海市出台了 4 个高智尔球方面的标准规范，较全面地规范并促进了高智尔球这项新兴体育运动的发展。江苏省侧重电子竞技产业人才能力要求的标准化规范，对区域内电子竞技产业的发展提出了明确的指导意见。浙江省出台了 3 个篮球方面的标准规范，包括培训机构等级评估、运动员技术等级认定、技能测评等方面。

不管是地方标准、地方行业规范，还是团体标准，各地都根据自身体育产业发展所侧重的方向和体育运动项目，出台有针对性的标准和规范。从标准和规范所侧重的方向和内容来看，有体育赛事活动的通用标准，有具体到某一体育运动项目的标准，内容涵盖的范围更加广泛。体育赛事活动通用标准可以指导各项体育活动统一发展；单项体育运动的标准制定可以通过以点带面的方式，探索单项赛事或运动在发展过程中的标准规范，为制定其他各类体育活动提供标准和规范的样板；其他新兴或热门运动项目在发展过程中，可以充分借鉴已有的标准与规范，提高体育运动项目标准化建设的时间成本和投入成本。各地方在体育产业标准化建设的过程中，相关经验也会不断积累，形成本区域特色发展的标准化路径。

但应当注意到，一项体育运动的长远发展，要考虑与国际接轨，考虑与世界同类体育运动的发展相同步的因素，不能在自己的范围内"闭门造车"，只在本区域内发展。因此，本地区先期标准和规范的制定要围绕国际标准进行谋划和制定，再结合本地区该项运动发展的现实情况，在国际标准和地方发展现状间进行平稳与协调，分阶段、分步骤推进标准化。

未来，长三角地区三省一市会针对体育产业的发展以及各单项体育运动的推广和发展，推出更多标准与相关规范，以不断规范所涉及范围的体育运动和体育赛事的发展，同时，兼顾相关体育运动服务的发展。在标准与规范的制定的探索中，长三角地区将积累更多经验，为全国相关领域体育产业的发展提供更为完善的产业、行业、团体等领域的标准与规范。长三角地区在体育产业标准化发展方面的探索，为全国试点工作，这将增加区域性标准向全国范围拓展延伸的意义与价值，进而促进全国体育产业标准化建设的全面高质量发展。

（四）产城融合助力经济发展

长三角地区是我国城镇化水平较高的区域之一，区域的城镇化率达70.9%。在进行城镇化发展的过程中，城市更新、城市与乡村协调发展和产业升级有着密切的关系。城市更新与乡村发展的核心动力源就是产业发展和布局，同时，产业的有序发展能为城乡互动协调发展提供方向性和目标性的实质内容。体育产业天然带有一定的公共属性，既能为城乡居民提供必要的公共体育产品和服务，又可带动包括文化、旅游、服务业、工业等相关产业的发展，是城市更新和乡村发展的新的有力支撑点。

在长三角地区体育产业的发展过程中，产城融合是城市更新以及乡村振兴工作的重要支撑和有力保障。长三角地区本身有着较强的经济爆发力，经济基础良好，在产城融合中，体育产业发展与经济发展可以相互补充，相互协调配合。体育产业可以作为区域经济发展的动力引擎，以此带动其他产业的协同发展，是当地经济发展的有力抓手，同时也是主要的工作重心。体育产业与文化产业，与旅游、服务业、工业等其他产业的深度融合，是产城融合的具体实践内容。城市更新与乡村振兴工作的逐步推进和开展，是整体发展模式与发展理念的革新和创新，体育产业的深层次、多维度发展，是各项融合发展工作的基础。

体育产业与文化产业融合，文化可以提升体育产业发展的持续性，为体育产业发展增加发展的深层次内涵。而相应地，体育产业的发展又可以丰富文化产业的呈现形式，增加文化内容的表现力和视觉效果。

体育产业与旅游产业融合，旅游产业可以为体育运动提供更加多元的运动场景，例如，可以为体育运动提供丰富的自然环境，体育运动参与者在进行体育运动时，能够不断感受新奇的风光与景致，在不同的旅游目的地也会产生不一样的体育成绩。在某种程度上，优质旅游目的地的选取可以提升体育项目的整体成绩，体育赛事选手会有更加积极的参赛状态，观众和游客也会因体育赛事与旅游业新的融合方式，提升对体育赛事的关注度，以及对旅游目的地的关注度，最终达到共赢的效果。

体育产业与工业产业的融合，是体育产业发展的基础。体育产业的多元化发展，需要体育用品高质量的供应以及体育周边产品的辅助，让体育爱好者或是对体育感兴趣的受众通过可感知的产品切实感受体育的魅力。长三角地区的体育用品制造业为体育与工业、体育与制造业的深度融合提供了强大的产业支撑，同时，为体育产业与其他产业的融合提供了稳定的基础供应。

上海市积极布局五大新城体育产业综合项目，例如，将体育产业融入五大新城之一的奉贤区的城市建设目标中，明确了奉贤区的发展方向，要将奉贤区建设为"南上海运动健康新城"，以体育产业的发展带动奉贤区的各方面产业和行业高速发展。

上海市以具体体育项目为重要抓手，推动产城的深度融合，五大新城体育产业综合项目的规划是其中重要的核心内容。以此五大项目为引领，可引导并带动其他体育产业项目的开展，通过其强有力的辐射带动能力，其他体育项目不断上马实施，将会形成体育产业大发展的火热趋势。奉贤区作为五大新城体育项目发展的代表，借助项目建设的明确方向和目标，向着"南上海运动健康新城"的总体目标不断迈进。体育产业的兴建和大发展为当地其他产业的发展提供了强劲的发展动力。体育产业作为当地经济发展的引领与带动的持续性动力，同时，在当地整体经济发展的过程中，可以与其他产业进行深度融合，协同发展，同步提升区域整体经济发展水平。

江苏省将体育产业发展作为县域经济发展的重要板块，通过产业发展规划的引领和载体平台建设，进一步明确县域体育产业发展的总体方向和侧重点。例如，溧阳市明确将体育旅游作为本地区经济发展的重点，且在金融、土地等相关政策上给予大力支持。昆山市相继制定了多项规划文件，其中包括体育科技村、锦溪体育健康特色小镇、花桥国际商务城电竞基地等体育载体。江阴市则提出了"两片两带"的体育产业发展布局。

江苏省在全省经济发展中，将体育产业作为经济的重要支撑，通过前期谋划与布局，建立多元化的载体平台，并明确发展方向与发展工作的主要内容。其从大方向与具体工作实践，全面细化发展路径，让全省体育产业发展的工作能够稳步落实。县域经济的发展是全省经济发展的重要支撑与重要组成部分，县域经济发展的重要工作内容是体育与旅游的深层次、多维度融合。溧阳市是典型案例，政府在体育产业与旅游产业的融合中给予其多方面的支持和辅助，发挥了巨大推动作用。由此可以看出，政府支持与地区自身主动发力缺一不可，体育产业与其他产业的协同发展或融合发展，并不是单一产业自身全力发展或是一方积极进取就能收到显著效果的。产城融合促进经济发展也是同样的逻辑，均需要各方的协调配合与支持。

在体育产业发展中，科技也同样发挥重要作用。科技是第一生产力，是体育保持持久发展动力的根本动力源，体育产业的发展始终离不开科技的加持。在村一级单位进行体育与科技的融合，是在基层明确体育发展的方向与路径，在村一级单位不断推动体育与科技的具体与深层次的融合，可以借助村一级单位独特的资源优势，充分发挥地方特色。体育与小镇特色进行融合，促进体育产业的不断健康发展，锦溪的成功尝试为其他类似地区提供了可操作性的样板。电竞运动作为体育运动中新兴的领域，已在各个方面进行了广泛的探索与实践，花桥国际电竞基地的建立，做出这方面的示范，具有一定的引领作用。各地根据本地区现有资源与特色优势，先行先试，进行积极的探索与研究，找到自身体育产业发展的方向与路径是体育产业发展的关键所在。在明确大方向后，及时建立起全功能、全服务的体育载体与平台，才能有效为后续体育产业的发展提供方向性指引。江阴市尝试明确区域发展的方向，以"两片两带"的体育产业发展格局，让下辖各地区找准自身定位，确定好在体育产业发展中发挥的作用和分工。各地方需在具体规划的实施和落实中，细化工作内容，并结合当地特色资源与优势，推动体育产业在当地的发展形成特色，同时，不断强化区域发展的整体规划。

浙江省将体育产业发展作为乡村振兴和新型城镇化等国家战略的重要工作方向。2021年浙江省出台了《浙江省乡村振兴促进条例》，其中指出，工作重心为塑造浙江省乡村振兴的新发展形态，通过体育设施进文化礼堂、引进赛事、建设"环浙步道"、培育省级运动休闲乡镇等方式推动创新发展。2016年以来，浙江省金华市率先开展"体育+"特色村（居）的探索，目前已经形成52个特色村（居），在积累体育产业服务乡村振兴大量宝贵经验的同时，带动了当地乡村经济的不断繁荣发展。

浙江省在体育产业发展中的探索，将体育产业的发展同乡村振兴战略相结合，深度融合到乡村振兴的发展规划中。通过各方面和领域的融合，乡村振兴的发展形态能够有效更新，体育产业的发展能够得到国家长远战略的有效助力。浙江全省体育产业的发展，不仅在乡村振兴中提升体育领域的发展和革新，还能促进其他领域的全面发展。体育产业可与其他诸多产业进行广泛的融合，先行先试的诸多宝贵经验为乡村振兴提供了全方位的实践基础，并不断强化了乡村振兴新的发展理念。金华市体育产业与特色村（居）的深度融合，已初见其显著的发展效应，几十个特色村（居）的繁荣发展，为其他村级或县级单位提供了一个可见的有形样板，示范引领作用可见一斑。

第四节　长三角地区体育产业机遇与思考

一、长三角地区体育产业发展机遇

（一）紧抓国家重大政策与制度红利

全面建设社会主义现代化国家的一项重要内容便是体育强国建设，体育强国同时也是实现中华民族伟大复兴事业的关键组成部分。最近几年颁布的各类重大政策中多次强调了体育产业大发展对健康中国、体育强国等国家战略的重大意义。

《体育强国建设纲要》提出要将体育产业的发展作为国民经济中的支柱性产业。《全民健身计划（2021—2025年）》提出明确要求，到2025年，全国体育产业总规模要达到5万亿元的发展目标。在这些全国性重大政策文件的支持下，《长三角地区体育一体化高质量发展的若干意见》《长三角地区体育产业一体化发展规划（2021—2025年）》等区域性规划文件也先后公布，对下一阶段长三角地区体育产业的发展方向、发展目标、重点任务等具体内容提出明确要求，为体育产业区域性高质量发展提供了方向指引和全面的政策环境。

长三角地区体育产业发展最大的一个发展机遇便是国家层面政策措施的支持，国家释放的制度红利与国家经济发展大方向的支持，可以最大限度激发体育产业的长足发展。从国家层面到区域性的政策文件，不断细化和明确体育一体化高质量发展的方向、目标、任务。体育产业的发展理应顺应国家发展大势、产业趋势，以及区域发展整体规划。

（二）借助"双循环"新发展格局

对于当前及未来一段时间国内发展形势和国际发展大势做出重大判断和重要战略选择，国家提出"逐步形成以国内大循环为主体、国内国际双循环相互促进的新发展格局"。我国经济高质量发展的必然要求，需要利用好国内、国际两个大市场，并构建国内、国际双循环相互促进的新发展格局。下一个阶段，我国经济发展的一个主要阵地便是长三角地区，理应率先承担构建新发展格局的重要任务和使命。

体育产业具有较强的成长性，既是可持续发展的朝阳产业、绿色产业，[①] 也是"双循环"发展的特色产业。长三角地区体育产业不仅要在国内、国际"大循环"中找准自己的定位，提升自身在全球体育资源配置中的能力，构建与国内需求结构相匹配的体育产业供给体系，还要打通长三角地区体育产业与其他区域或城市的"小循环"和内部"微循环"，加快各类资源要素的流动开放性，不断探索跨区域的体育产业供应链、市场链、创新链。另外，要持续推进国家体育消费中心城市的建设，引领并带动全国体育产业的高质量发展。

随着人们生活水平不断提升、收入不断增加，人们对于生活品质和个人健康状况有了更高的追求。在这样的大趋势下，体育产业的发展迎合了人们的普遍心理。同时，由上文可以看出，体育产业的发展更是国家经济发展的重要组成部分。体育产业的发展要同时兼顾国际和国内两个大市场，在国际环境充满不确定性因素的情况下，要以国内市场的大循环为主，以国内市场为基本依托，国内、国际双循环相互促进，相互补充。一方面，长三角地区借助国家重大发展战略；另一方面，长三角地区作为我国经济发展的重要区域，理应在经济发展和体育发展的带动

---

① 黄海燕.推动体育产业成为国民经济支柱性产业的战略思考[J].体育科学，2020，40（12）：3-16.

效应中发挥应有的作用。

长三角地区体育产业的发展不但适应了国家"双循环"发展的新格局，而且是由长三角地区自身产业发展基本情况决定的，这些有利条件整合在一起，促成了长三角地区体育产业的顺势发展。站在不同层面，要兼顾不同区域范围的发展情况：站在国家层面，应当切实将国家提出的"双循环"发展战略执行到位；站在长三角地区区域发展层面，要兼顾本区域发展的核心发展方向，结合自身资源的整合与调配；而站在更小的区域层面，长三角地区体育产业的发展要兼顾周边省市的发展，能够发挥一定的辐射带动作用，同周边省市或地区共同发展。另外，在体育产业内，各种生产要素要满足产业化发展的现实需求，大到国家层面，小到地方经济发展层面。供给端、市场端、创新研发端等各方面都应有一套完整的协作机制与长三角地区体育产业发展相配套，具体到实践中的各项工作内容都要以现有资源与机遇配合而行。

长三角地区国家体育消费中心城市的建设，从消费端为体育产业的发展提供了产业发展闭环链条中的重要一环。以消费的方式促进体育产业的升级改造，以需求带动研发、制造等各环节，让体育产业的发展更有针对性和方向性。在长三角地区雄厚的经济发展基础上，国家体育消费中心城市的建设工作可以较为顺利地展开。

（三）借势重大体育赛事承办契机

在城市经济、文化、基础设施建设等方面中，体育赛事对城市互动和城市更新具有极其重要的意义。2023 年，长三角地区举办延期举办的亚运会等国际性重大赛事，这些大型国际性赛事不仅能够促进举办城市体育场馆、城市基础设施等的更新升级，还有可能会影响到长三角地区未来的城市空间规划。在长三角地区体育产业一体化的大背景下，举办重大体育赛事，对长三角地区体育基础设施的空间形态进行统筹规划，探索资源要素在区域间自由流动的机制建设，在对体育赛事、体育设施的筛选上，要有侧重、有区分、互补互惠地构建协调的空间格局，形成区域间协同发展、共同参与的办赛发展模式，从整体上提升长三角地区举办重大体育赛事的承办能力及国际竞争力，以为未来可以有更完备的能力承办更高水平的国际性重大体育赛事打下一个坚实的基础。

重大体育赛事有着极其重要的影响力，尤其对于举办城市或举办区域来说，更是一个难得的发展契机。长三角地区通过重大体育赛事的举办，可以充分与国际体育产业进行深度接轨。借助举办的有利机遇，长三角地区本区域内可以对已有的体育基础设施进行升级改造，或规划和新建体育场馆，或增设配套的体育服务设施。重大体育赛事的举办只是体育产业要素的一次升级机会，本地区体育产业的发展由此可以开启一个崭新的发展局面。有了举办重大体育赛事的宝贵经验与软硬件条件，未来长三角地区可以承接更多高水平体育赛事。随着经验的不断积累，承接体育赛事的水平不断提高，与之配套的体育基础设施均以同等进度更新升级。这不仅有利于长三角地区体育产业的不断发展，还有利于提高长三角地区整体的知名度与影响力，以及其在国际上的竞争力。更为重要的是，长三角地区区域内部协调配合的机制在承办的过程中也会逐渐成熟和完善。随着重大体育赛事承办的次数增加，各地区不只是在体育产业的发展中获得巨大回报，同时，促进了长三角地区整体经济效益的提升，进而也促进了国家整体经济效益的提升。

二、长三角地区体育产业发展的思考

（一）构建特色体育产业的完善体系

长三角地区有着健全的体育产业体系，不管是体育制造业、体育建筑业，还是体育服务业，三大产业业态都有着稳健的发展基础，这为构建完善而健全的体育产业体系奠定了坚实的产业基础。浙江、江苏、安徽、上海三省一市纷纷提出了在"十四五"期间，要围绕服务业构建现代体育产业体系。具体到体育产业发展的工作实践中，浙江、江苏、安徽、上海三省一市可以依据自身具有的资源禀赋，以差异化的发展思维发展体育产业，同时，兼顾区域体育产业的共同发展。

上海市体育产业的发展以服务业为主，并拥有明显的产业发展优势，未来，可以逐步减少生产性体育服务业占的比重，向更加专业化以及具有高附加值的高端方向转型升级，并不断向高端进行延伸。另外，其以强劲的辐射带动作用，引领长三角地区内部乃至全国其他省市地区体育产业的发展。

上海市侧重体育服务业的发展，迎合了国家"双碳"目标，但现阶段上海市的体育服务业处在向高端化转型的关键点，上海市已在体育服务业方面打下了比较牢固的基础。体育服务业向高端化的转型升级需要在各环节和具体工作中着手落实。体育服务业的各环节都需要打破原有的发展模式和发展思维，以更高标准进行产业化升级。

浙江和江苏两省应当根据自身在制造业上的发展优势，具体到高端装备制造、运动装备研发、供应链管理等方面，加快构建长三角地区区域内的体育制造业发展的协调统一链条。

浙江省和江苏省已经在高端制造业上发力，有了一定的制造业经验，在装备研发上也有自己的经验与实力。体育装备的制造可以说是体育产业发展的基础，也是体育产业发展的重要经济收益来源。在体育装备制造中，科技有着重要的施展空间，特别是高端体育装备的研发和制造，科技直接引领着高端体育装备的升级迭代。另外，体育产业的长远发展，在很大程度上也是由体育装备引领与带动的。在供应链的管理上，浙江省和江苏省也探索出了适合自身发展的有效途径，以保证供应链的持续发展与稳定产出。体育产业也有着较为复杂的供应链，如何让供应链更高效、高质量地运转，更好地为体育产业的发展提供持久的生产要素供应，不仅需要供应链体系中协调同步，相互协调统筹，也要从顶层设计上进行有效配置与规划，以大局意识处理各细分领域的问题和不协调因素。在进行供应链管理实践中，还要不断总结成功经验，收集各类反馈问题，以构建一套有效的供应链管理机制，并在未来的产业发展实践中不断补充和强化。

安徽省可以根据自身体育产业发展的现有情况，抓住产业融合发展的大好机遇，不断探索体育与医疗的融合、体育与旅游的融合等，体育与其他产业融合的新发展模式可以进一步延伸至所有与体育产业相关的产业。

安徽省在体育产业的发展中，进行了多元化的发展探索与实践，全省其他产业在发展过程中都可与体育产业进行广泛融合，并有力地借助体育产业大发展的良好机遇，提高自身产业发展的水平。安徽省自身特色在体育产业与其他产业的融合中，可以进行具体呈现。

（二）营造体育产业空间发展新格局

体育资源在空间分布上存在差异性，因此，要从区域的整体规划和发展角度思考问题，让体育资源在城市空间的发展上有序开发，促进城市与城市间的合理分工和协作，形成具有本地特色的体育产业发展轴、产业带和集聚区。长三角地区应当结合自身的空间地理特征以及产业发展规划，加速实现"一核两轴三带五圈"的网络化空间发展格局。

上海市应当发挥体育城市和区域龙头的核心引领作用，打造长三角地区体育产业核心。其应对沿长江和沿钱塘江水系——京杭大运河的路径进行布局，形成纵贯南北的两条体育产业发展轴线。加快推进杭州市、南京市、合肥市、苏州市、无锡市、常州市、宁波市等都市圈体育产业的发展，加强都市圈之间的合作与互动交流，打造区域体育产业协调发展的模范样板。围绕区域体育产业发展的优势以及特色运动项目，打造南北翼运动装备产业带、浙皖山地特色运动产业带和海洋特色运动产业带。

体育资源在空间上的分布与规划，需要在大的方向和小的落脚点逐步落实：在大方向上，进行统一协调与部署；在小处着眼时，结合地方资源与特色，各层次的规划都应考虑全面且充分。体育产业空间发展新格局确定前，应当进行充分论证，多方协商沟通，将体育产业发展各方因素统筹兼顾。为了确保规划的科学性与合理性，能够兼顾涉及所有因素，可以选取某一区域进行先期试点，同时，适当调整规划中存在的不足之处，进一步完善体育产业布局规划。体育产业空间分层次布局，可以由核、轴，到带和区域，合理分布，分层规划到位，最终形成网络化的空间布局，相互渗透，彼此融入。最终，形成的规划要坚决执行到位，后期可以在小的方面进行微调，而大方向上不应再有大幅度的调整。

各区域在进行体育产业空间布局时，均不尽相同，各地都有本地区现有的资源状况与特色优势。在进行产业空间布局时，应将视线拉长，做好长远规划，同时，要兼顾眼前现实情况，长期与短期目标相结合。将体育产业发展各阶段的目标与任务相结合，落实到具体工作中。

上海市作为国际化大都市，理应自觉发挥核心引领作用，为全国进行先行尝试，在体育产业的发展中，体育产业发展的核心地位带来的优质体育资源，助力上海市在体育产业发展的道路上高速前进。因此，上海市有能力，也有义务带动周边区域、城市协同发展。上海市在协同发展的过程中不仅是扮演资源、技术、人才等方面的输出角色，也是受益方。上海市体育产业的发展，必然需要借助其他区域或地区的资源，长三角地区其他省市都可为其提供持续性的人才、资源与市场。上海市通过建立产业带，与其他省市或地区进行长效协作，在特色运动项目、运动装备等方面进行广泛的合作。构建体育产业的特色发展路径与模式是每个地区或城市都应当考虑的重要工作内容。

长三角地区滨海而立，有着得天独厚的地理优势与资源，海洋运动项目可以作为其发展的主要发展方向。根据海洋特色运动项目的特点，与此相关的运动装备、运动场地、运动服务等，都可以在长三角沿海地区广泛开展。而浙江省与安徽省的内陆地区可以借助自身山地特色，积极开展山地特色运动项目，并以此为基础，形成当地特色的山地运动产业带。长三角地区其他地区也可根据自身具有的特色地理优势，开展相适宜的运动项目，以此形成产业集群，并形成产业带。产业带可有效将各种资源最大限度地集聚整合，降低资源的流动成本，提高产业间或企业间的沟通协作程度。长三角便捷的物流运输同样是体育产业发展的有力保障。

体育产业的空间布局不仅是有形实体的规划与布局，也是资源、技术、信息等无形要素的规划与布局。全方位进行规划与布局，才能在深层次上获得长远发展。

（三）打造核心领域示范项目

长三角地区有着丰富的运动项目与体育资源，体育产业发展的核心优势明显。未来可以在一些重点领域进行一体化试点项目的尝试，并以此为主要的工作和发展方向，不断探索形成长三角地区体育产业一体化在各领域的实践范本。应围绕区域内国家体育消费中心城市建设等工程，探索在"双循环"新发展格局下体育产业发展的可行性路径。应以世界级著名湖区的发展成果为目标，以长三角地区生态绿色一体化发展示范区为基础，打造长三角地区国际水上运动中心。应根据浙江、江苏、安徽、上海三省一市优势运动项目的发展基础，探索并形成具有示范引领作用的区域运动项目合作发展新模式。各类示范引领项目应齐抓共管，通过以点带面的方式，首先在试点区域积累成功经验，其次向周边或其他区域进行拓展延伸，不断复制成功经验与做法，高效率、高质量地推进体育产业发展一体化协作的领域和范围。

长三角地区在体育产业的发展上，要有所侧重，强抓重点，做好取舍，紧抓核心领域的示范项目，集中优质资源对核心领域强力投入，各项政策、人才、技术等集中在核心目标上发力。产生一定示范效果后，将成功经验向长三角地区其他地区或省市进行推广延伸，最终形成一体化发展的良性发展格局，在协同发展的探索与实践中，在各方面进行创新与改革，以适应区域一体化发展的总体思路。区域内国家体育消费中心建设工程是长三角地区体育产业发展的动力，消费促进产业升级，区域体育产业的发展要以消费为导向，紧跟消费趋势的变化，分析不断变化的消费需求，以更丰富、更高质量的产品和服务不断满足人民日益增长的消费需求。

在进行发展的进程中，可以有力地借鉴世界范围内成功的发展经验，并以此为目标和导向，研究并学习其可借鉴的宝贵经验，结合本地区现实情况，通过可操作性的路径与模式，带动本地区产业发展模式的快速革新。

（四）强化体育企业主体地位

产业发展的根本动力在于市场主体的活力。长三角地区体育产业发展的主要任务应为培养并不断壮大各类市场主体，为各类市场主体提供全方位服务保障，培育并壮大龙头体育企业，扶持中小微企业不断做大做强，提高体育企业的服务能力与水平，增强区域体育产业整体的发展活力。从区域整体发展来考虑，要鼓励并支持长三角地区体育企业积极进行跨区域发展，同时，体育企业之间可以进行兼并重组，积极融合，促使体育企业的生产要素可以跨区域或在区域内部进行自由流动或自由组合。

长三角地区体育产业的发展，体育企业是其主要的参与者，不断强化和明确体育企业的主体地位，可以有效保障体育产业的稳定发展。体育产业发展是否有生命力，是否可持续，很大程度上在于作为市场主体的体育企业发展活力。长三角地区体育产业发展最重要的工作方向便是不断培养并壮大各种类型的市场主体，为其提供全方位的资源以及服务保障。对于发展较好的体育企业，要引导其向龙头企业方向发展，并给予其更充沛的政策、资源等支持。而对于中小微企业，首先要扶持其不断做大做强，其次要明确自身发展的特色，在满足客观发展规律的条件下，帮助其探索长久发展的可持续发展道路。体育企业不仅要在产品上不断加大研发投入力度，还要提升自身服务水平。

体育产业的区域发展，首先需要体育资源在区域内进行合理调配，不同类型的体育资源要向承载能力相当的体育企业进行分配，体育企业也应当根据自身生产研发能力，主动争取体育资源。体育企业应根据区域内体育产业发展的整体规划以及企业自身发展的目标需求，合理地进行跨区域发展。体育企业间应从重组、兼并等方面进行生产经营，探索适宜企业自身以及区域体育产业发展的方式，同时，可根据实际发展情况探索更多模式。相应的机制应当给予体育企业发展以最大限度的自由，使其在法律法规允许的范围内可以通过更多方式寻求发展。

长三角地区内体育产业发展需要建立一整套有效的机制，让体育企业的生产要素在一定范围内进行广泛的跨区域流动，通过更便捷的物流、智慧化的体育信息平台，让产品、服务、信息等无阻力地被共享和使用。

在对中小微企业的扶持和服务方面，可以根据不同类型的中小微企业，建立培育库。可以建立功能全面的企业服务平台，为中小微体育企业提供全方位、一站式服务。要引导中小微体育企业根据自身特色，走差异化发展道路，运营模式要更加专业化，管理能力与水平要向更加精细化方向发展。

在体育企业服务能力与质量方面，要加大力度引进高能级的体育企业全球服务机构，发挥第三方专业机构和体育行业协会的力量，不断完善服务供给清单，专门制定体育产业引导政策，以更全面的服务内容和更高水平的服务能力与质量，不断提升长三角地区体育企业的综合服务能力。

第五节　"服务三角"模型对构建公共体育服务供给机制的优化路径

一、创新供给理念

首先，确定以社会公众需求为中心的供给理念。随着长三角地区生活质量迅速提升，群众的公共体育服务需求越发复杂多变，要坚持均等化理念。长三角地区三省一市的社会经济实际发展水平具有巨大差异性，各地区的发展现状呈现出不平衡性，制约了当地服务均等化的实现。长三角区域公共体育服务均等化，指的不是各地区在公共体育服务的方式、数量和内容上的绝对相等。长三角地区基本公共体育服务的均等化是长三角体育一体化高质量发展的重要任务，在长三角群众获取公共体育服务相对均等的前提下，满足地区民众的公共体育服务需求。其次，树立标准化理念。标准化是长三角一体化高质量发展的必然要求、重要前提和手段。对长三角公共体育服务供给进行标准化管理，有利于公共体育服务保障水平提升、保障标准提高，确保长三角群众公共体育服务的高质供给。

二、政府职能

在长三角一体化发展的新时期，政府加快向公共服务型政府转变的速度。[1]在公共体育服务供给过程中，政府要做好服务供给的统筹指导和综合协调，当好掌舵者，而具体的供给就需要市场企业和社会组织扮演好划桨者的角色，形成政府主导下的多元供给主体。具体来说，首先，政府通过破除制度壁垒，以满足公众实现美好生活的需求为出发点，充分保障长三角民众的公共体育权益；其次，为了体育事业进一步发展，政府必须引入市场竞争机制，充分地发挥市场在资源配置中的决定性作用，为市场企业和社会组织合理运作营造优良的政策氛围与公平的社会氛围，使监督和管理的权力，通过绩效评估、监督问责等措施促进多元供给主体合理运作。

三、完善资源保障机制

各地体育局要加大体育一体化工作力度，在人、财、物等方面为各类合作的开展提供必要的保障。

（一）人力资源保障

相关人员保障对于实现服务的有效、高质供给具有重要作用。要建成长三角地区志愿者服务供给的长效机制，通过区域内公共体育志愿服务筹款机制的完善，对区域内体育社团组织进行实际、全面、彻底地深化改革，围绕着长三角地区公共体育服务供给的目标建造专业的体育人才团队。应加强人才资源整合，促进人才有序流动，成立长三角地区人力资源服务组织，推动人力资源市场在长三角地区的发展，在三省一市实现人力资源的共建共享和互联互通。

（二）财力资源保障

长三角地区公共体育服务供给的资金保障是以政府财政投资为主、

---

[1] 刘志彪,孔令池.长三角区域一体化发展特征、问题及基本策略[J].安徽大学学报（哲学社会科学版），2019，43（3）：137-147.

以社会集资为辅、以慈善资金为补充的。要制定长三角地区公共体育服务财政供给的规章和协定，明确三省一市的财政责任，保障长三角地区公共体育服务的可持续发展。三省一市应共同出资成立长三角地区公共体育发展基金，用于地区体育建设投入和公共体育服务支出，引导鼓励企业和社会投资加入区域内公共体育建设。应通过引进社会财力减轻区域公共体育服务的财政负担，更好保障长三角地区群众公共体育服务权益。

四、健全运行维护机制

完善需求表达机制，首先要改变公共体育服务供给制度的群众弱表达、政府强制性供给的旧思想。目前长三角地区社会公众对于体育活动的热情相比于其他地区的群众要强烈得多，长三角地区群众基本的体育需求开始发生变化，参与体育活动的意识已经提高，对于公共体育服务的基本需求产生了变化[①]，因此，要保障群众公共体育服务信息获取的机会均等。相关体育行政部门需要保障群众的需求表达权益，形成依法参与、治理的社会环境，群众就可以根据自身的需要表达合理的诉求，用法治手段来保障自己的公共体育服务需求。要增强长三角地区公共体育服务需求回应的系统性和快速准确性，可建设区域内信息的畅通、互通、互联等公共体育服务大数据信息平台，通过网络空间、物理空间等互通互联，实现长三角地区群众公共体育服务动态化需求表达路径的创新。可以运用信息技术构建长效的地区体育政务信息一体化平台机制，扫除信息传达不均等障碍，破除长三角地区政府、民众的信息流动壁垒，实现信息协调互通，提升公共服务需求表达的精准性。其次要建立科学合理的供给决策机制，体育公共服务供给应该向以人为本的理念转变。实

---

① 程华，戴健. 长三角地区公共体育服务的分层供给 [J]. 体育学刊，2017，24（2）：57-63.

现长三角地区群众公共体育需求的动态收集，就要根据企业、社会组织等供给主体的能力范畴，创建有效施行的政策方案，形成从长三角联席会议到各地体育行政部门、从宏观到微观的政策指导方案。地方级体育行政部门把施行中存在的问题、意见反馈到联席会议，形成科学合理的指导反馈系统，可以更好地指导公共体育服务的提供。

五、强化供给监督机制

长三角地区公共体育服务供给从决策到输出配置的过程都要进行监督。

（一）决策环节

决策环节的监督是对政府行政的监督，主要依赖长三角地区群众、社会组织、媒体的民主监督。

（二）生产和输出配置环节

其中，最重要的是对市场的监督，主要从三个维度来进行监督，分别是生产标准、服务输出质量、群众满意度。要强化市场信用监督，加大长三角地区市场信用监管力度，采用企业黑名单措施，完善长三角地区失信惩戒机制，明确信用级别对不同等级的企业采取不同方案，使投机者无路可走。提高政府监督效能，健全市场主体网络信息公示系统。建立合理的监督职责体系，明确各行政部门责任清单，落实相关责任区域，消除盲区。推行信息化、便捷化的监管手段，对公共体育服务供给过程进行动态监管，全程可查，具体追责，对日常监测、抽检、投诉、举报等手段灵活运用。第三方监督手段正悄然崛起，采用第三方监督必须满足两个重要条件。第一，减少行政部门干预必须保证其独立的地位。第二，具有良好专业素质和独立运行的能力。完善监督反馈路径，健全多元化监督系统。

六、健全标准化、法治化、系统化的供给长效机制

长三角地区公共体育服务供给是一项长久性的工作，是长三角地区极为重要的民生保障工程，完善法治化、标准化、系统化的供给长效机制是保证公共体育服务供给的高质量、持久性、稳定性的根本路径。当下，长三角地区公共体育服务供给主要是由党总揽全局，召开长三角一体化发展联席会议，统筹协调、研究审议各方面工作，已经形成了初步的规范化、法治化体系，亟待完善。因此，长三角地区体育行政部门应进一步采取有效的策略，积极发挥"门槛"的作用。门槛的高低基本决定了公共体育服务供给质量的好坏，有关部门要严格把控社会组织、企业等主体公共体育服务的形式、流程、内容等。有关体育行政部门要根据发展现状出台公共服务供给相配套的政策、规划，长三角地区公共体育服务供给实施要做到有理有据，可以有效避免人为因素、企业因素等而产生的服务供给漏洞。

第六章 体育资源均衡配置的实施策略

　　结合长三角地区公共体育服务发展取得的成果，以及在进一步深化过程中提出的相关对策，接下来，本章内容就立足体育资源均衡配置的实施策略进行系统化研究，以确保公共体育资源的作用性和价值性能够得到最大限度体现。具体实施策略如以下各节所示。

第一节　加大体育设施基础建设力度

一、根据《"十四五"体育发展规划》具体要求，对加强体育设施基础建设的思路予以明确

　　2021年，中国正式进入"十四五"规划的开局之年，国家各项事业的发展也做出了具体规划，在体育事业方面更是提出了更具挑战性的发展目标，避免"重竞体，轻群体"的局面出现，全力加强体育设施基础建设的思路也成为一项最基本的要求。对此，政府及有关部门需要从显性的物质层面和隐性的精神层面积极思考与探索，明确公共体育基础设施建设的主抓方向和主要内容，从而确立加强公共体育基础设施建设的思路。

（一）加强显性的物质层面公共体育设施基础建设的具体思路

　　所谓"显性的物质层面公共体育设施"，实质就是肉眼可见的，并且可以触碰到同时能够形成真实体验感的公共体育资源，此类体育资源显然具有极为明显的基础性。其主要包括社区或公园的健身路径、各种球类运动场地、健身步道等。上述公共体育设施建设显然能够满足公众最基本的需要，因此，必须加大其建设的投入力度。而在具体建设思路

中，应将两个方面作为重中之重，具体如下。

一是充分结合公众对显性的物质层面公共体育设施的需求方向，以及公共区域规划实际情况，明确建设的基本方案。随着当今物质生活水平的不断提高，公众普遍对自身的体质健康和心理健康有着更高的追求，因此，对显性的物质层面基础公共设施方面的需求程度更高，这种需求还具有多样化特征。针对于此，政府部门和有关主管部门要结合公众的需求情况，以及公共区域的规划情况进行全面调查，并以满足公众普遍性需求作为基础目标，将其建设方案加以高度明确，以确保公共体育设施基础建设能够真正落到实处，为全面促进群众体育事业的发展打下坚实基础。

二是立足节能、环保、节省空间的理念，将高质量的基础公共设施作为主要选择对象。在明确建设方案的基础上，要结合公众的具体需求情况和场地建设规划情况，对基础公共设施进行科学合理的选择。基础公共设施既要具备较强的功能性，又要具备节能、环保、节省空间等几项基本要求，在保证公众能够长期使用的同时，保证对公众的身体健康不会造成危害，达到全面提升公共体育资源使用效率的目的，而这也是全面提高公共体育资源配置均衡性的有力保障。

（二）加强隐性的精神层面公共体育设施基础建设的具体思路

从当前公众参与体育活动的基本取向来看，通常基础性体育活动只是日常身体锻炼的主要选择。随着工作与生活节奏的不断加快，人们更加向往具有娱乐身心和陶冶情操功能的体育运动，如游泳、观看体育比赛、户外拓展类体育健身运动等。这样，人们对于隐性的精神层面公共体育资源的需求程度就会越发突出，因此，政府及有关主管部门则要针对此类型的公共体育设施基础进一步加大建设力度，具体思路如下。

一是全面了解公众对隐性的精神层面基础公共设施需求方向和需求程度，并以"满足公众最普遍和最迫切的需求"为原则，确定建设方案。

就当前而言，公众对体育赛事和拓展类公共体育资源的需求较为普遍，同时，在需求程度上也体现出强烈的迫切性。因此，在进行此类公共体育设施基础建设中，要将其作为主要视角确立明确的建设方案，以满足当今社会公众更高层次的公共体育资源需要。

二是与有关部门强强联合，确保新的精神层面公共体育资源大力投放并确保资源使用效率。从上述公众最普遍和最迫切的隐性的精神层面公共体育资源需求的具体方向来看，往往单纯依靠体育资源管理部门并不能实现全面开展项目工作，要与有关部门合作，方可确保基础设施建设的专业性。在此期间，房地产企业、电视新闻媒体机构、竞技体育管理机构显然是不可缺少的建设主体，政府部门和体育资源管理部门与之保持强强联合，方可确保工程施工和资源运转的流畅性。这样不仅能满足公众普遍对隐性的精神层面公共体育资源的迫切需要，还能保障其使用效率达到最大化，最终助力公共体育资源配置始终保持高度的均衡性。

二、立足当代公共体育服务理念和体育资源总体需求，确定加强体育设施基础建设的具体内容

从市场经济发展角度出发，有需求就会有市场，因此，在企业发展道路中通常会将市场需求调研工作视为重中之重，公共体育设施基础建设工作的全面开展也是如此。由于确保资源使用效率是全面提高资源配置效率和全面提升资源配置均衡性的关键，在全面加强公共体育设施基础建设的过程中，必须将全面了解全社会的总体需求放在首位，由此方可确保加强体育设施基础建设的内容更加清晰与明确。接下来就针对不同人群对于公共体育资源的具体需求，明确其加强过程中应包括的具体内容。

（一）流动人群和留守人群体育设施基础建设的主要内容

随着中国乡村振兴战略实施进程的不断加快，城市与乡村发展之间

的差距正在不断降低，人口的流动性也随之不断增大，在全面带动城市经济快速增长的同时，有效推动了乡村各项事业的蓬勃发展。因此，无论是流动人群还是留守人群，对于公共体育资源的需求都明显增加，而这也对政府与有关部门全面提高公共体育服务水平提出了新要求。公共体育资源无疑是重要的一项，有效丰富流动人群和留守人群体育设施基础建设内容也成为一项重要任务。

这两类人群的体育设施基础建设，不仅要将社区和乡村体育健身路径建设作为基础性内容，还要将社区健身中心、乡村健身活动室、社区篮球公园、多功能活动场地等基础设施建设作为重要的内容组成部分。除此之外，还要重视城市体育赛事场馆建设，以及美丽乡村公共区域景观建设等多项内容，以此满足流动人群和留守人群隐性的精神层面公共体育基础资源的需求。

（二）青壮年人群和中老年人群体育设施基础建设的主要内容

青壮年人群是新时代中国特色社会主义事业的建设者和接班人，全面提高其体质健康水平和心理健康水平是全社会的一项基本任务。同时，中国老龄化进程正在不断加快，全面增强中老年人群身体健康无疑也是促进社会和谐发展的一项重要举措。因此，在加强体育设施基础建设的过程中，应将上述人群作为重点关注对象，将其体育设施基础建设的主要内容予以高度明确，从而确保全面激发青壮年人群和中老年人群参与体育活动的欲望，并能为其提供资源层面的有力保证。

针对青壮年人群而言，要将城市体育公园建设、综合性和专业性体育场馆建设、健身场馆建设、休闲体育场地与设施建设作为主要内容。除此之外，还要将赛事资源的引进，以及体育拓展项目资源的建设作为新的内容补充，以此满足青壮年人群显性的物质层面和隐性的精神层面公共体育资源需求。

针对中老年人群而言，要将健身步道、社区健身休闲广场等基础体育设施建设作为主要内容，同时，要将适合中老年人群的有关体育保健等媒体资源引进作为重要的内容，以此保证该人群在显性的物质层面和隐性的精神层面公共体育资源需求能够得到有效满足。

（三）特殊人群体育设施基础建设的主要内容

就当代公共体育基础设施建设而言，提质增效的根本应体现于服务理念具有高度人性化，以此为理念全面加大公共体育设施基础建设的投入力度，最终实现让全社会各类人群都能从中获益这一根本目标。其中，特殊人群体育设施基础建设显然要被视为重要组成部分，其内容也要保持高度明确。

在此期间，要结合全面满足特殊人群运动参与的具体需要，以人性化的服务为视角，将公共体育设施基础建设的内容予以扩展，力保为全民健身事业的稳步发展提供重要的资源保障。其内容应包括智能化健身场地、人性化体育健身路径、数字化体质健康监测设备等，确保特殊人群不仅可以意识到去哪儿参与体育活动，还能知晓怎样参与体育活动，为其提供最直接和最真实的运动体验感。

三、结合《全民健身计划（2021—2025年）》号召，确立加强公共体育设施基础建设实施路径

2021年7月18日，国务院下发了《全民健身计划（2021—2025年）》，明确指出了总体要求、主要任务、具体措施，并且于2021年8月10日由国家体育总局印发《体育总局关于认真贯彻落实〈全民健身计划（2021—2025年）〉的通知》，为中国体育事业提供了强大的发展动力。经过2021—2022年的深入贯彻与落实，中国公共体育设施基础建设取得了显著成果，但面对时代发展步伐的不断加快，全社会在公共体育资源方面的需求会呈现出明显差异，因此，公共体育资源建设也会面临更为严峻的考验。针对于此，结合《全民健身计划（2021—2025年）》号召，

确立加强公共体育设施基础建设实施路径就成为一项具有根本性和关键性的任务，具体实践路径应由以下三个方面构成。

（一）高度明确加强体育设施基础建设的实施方案

自《全民健身计划（2021—2025年）》正式发布之日起，全面加强公共体育设施基础建设就已经提上日程，并且经过2021—2022年的发展，也已经取得了令世人瞩目的成果。但是，在中国经济与社会高质量发展的时代大背景之下，公众对于体育设施基础资源的需求程度正在不断提升。为了更好地实现公共体育资源均衡配置这一伟大目标，还需要进一步明确加强体育设施基础建设的实施方案，在实践中的具体操作应由以下三个部分组成。

1. 确立建设目标

在国务院印发的《全民健身计划（2021—2025年）》中，明确指出未来5年内的目标在于促进全民健身更高水平发展、更好满足人民群众的健身和健康需求，最终让"体育强国"在2025年转变为现实。在此期间，公共体育基础设施是最根本的物质基础，必须不断加大对其的建设力度。

在此期间，要根据区域公众体育活动和休闲体育健身的切实需要，按照系统规划、总体规划、分步实施、加强管理的基本原则，依法利用区域范围内的"边角地带"建设体育场馆或体育公园等空间性公共体育资源，还要在社区建设公共健身场地，切实做到使所辖区域范围内公众明确应该去哪里健身。

2. 科学制定建设内容

在依托《全民健身计划（2021—2025年）》制定加强公共体育设施基础建设实施方案过程中，具体的建设内容还要根据各地区《"十四五"体育发展规划》的总体要求，极尽可能地将便捷化"体育健身圈"作为重点建设项目，同时，还要配备与之相适应的基础设施，让公共体育资源本身的功能性得到全面提升，以此满足公众在显性的物质层面和隐性的精神层面对公共体育资源的总体需求。其中，应将公众身边的健身设施建设、大型体育场馆建设、健身步道建设、体育公园（或全民健身中心）建设作为主要的建设内容。

就公众身边的健身设施建设而言，要做到统筹全域，不仅要将目光集中于城市居民小区，还要放眼乡镇村落。前者要针对在建、新建、正在接受改造的小区根据城市休闲健身的总体要求和相关规定，予以配备可满足全小区居民体育健身需求的健身场地和设施，还要保持与住宅进行同步规划、设计、验收、交付使用。未能达到规划要求和建设标准的居民小区应以老旧小区改造整体部署所提具体要求，根据实际情况开辟体育健身场地和统筹体育健身设施。不具备建设标准健身场地的居民小区则要根据小区布局实际情况，变相增加健身活动范围，如小型健身场地和设施等。后者要根据所在区域乡镇公共体育事业发展的整体战略部署，在多功能运动场、专业性篮球场、体育活动室建设领域狠下功夫。根据以上建设内容，可以看出加强公共体育设施基础建设更加注重其"基础性"和"普及性"，能够确保在 2025 年前实现公众公共体育资源基本需求的全面满足。

就大型体育场馆建设而言，要将战略部署细化至城市下辖的各区域之中，确保各辖区范围内都能有多功能全民健身馆、标准化全民运动场或体育馆、标准化的专业训练基地，以保所在地区不仅具备承办大型体育比赛和健身活动项目的条件，还具备为公众提供隐性的精神层面公共体育资源的能力。

就健身步道建设而言，要结合国家关于城市和乡村建设的顶层战略部署，在所辖区域内加大对公园、广场、人行道等资源的利用和改善力度，让其具备开展健身徒步运动的基本功能，以此保障在所辖区域公众健身娱乐需求得到充分满足的同时，达到美化辖区环境和增加辖区内部体育基础场地面积的目的。

就体育公园（或全民健身中心）建设而言，要结合城市和乡村自然景观设计与规划的整体布局，将"插体于绿""插体于园"作为基本原则，让具备全面开展公众体育健身活动的公园或广场成为公众体育健身的乐园。既要增加标准化的体育健身场地，还要合理投放便于公众开展体育健身活动的体育器材和健身设施，让公共体育设施基础建设真正做到不仅能全面覆盖所辖区域的城市，还能覆盖所辖区域范围内的所有乡村。

3. 以高质量为前提明确具体建设要求

公共体育设施基础建设固然功在当代、利在千秋，不仅可以促进公众身体素质和心理健康水平的全面提升，还可以有力推动国家体育产业和体育事业的发展。因此，在全面加强公共体育设施基础建设的过程里，实施方案的规划全过程必须明确高质量建设这一基本目标，同时，要明确具体的建设要求，以确保体育设施基础建设不仅可以落到实处，还能将其社会效益和经济效益实现最大化，具体要求应包括以下三个方面。

第一，在建设计划方面，各级政府部门的协同有关体育主管部门进行统一的社会调研，并且将所辖区域范围内可供基础体育场地建设、基础体育设施布置、休闲体育场所建设、休闲健身设施投放的区域进行全面摸排和细化。此后要根据区域范围内体育规划的整体战略部署形成一份完整的公共体育设施基础建设项目计划，并提交至上级有关主管单位或部门审批。

第二，在建设标准方面，县、区、市一级行政区域要将体育公园、全民健身中心、专业化体育场、综合性体育馆建设作为主体，以满足县、区、市公众多样化和高质量公共体育资源的普遍需要。而乡、镇一级行政区域要将多功能运动场地、体育活动室、健身娱乐场地作为主体，满足广大乡镇居民在工作和学习之余健身娱乐的需要。制订体育场地建设计划必须严格遵守国家关于各级、各类体育场地设施建设的总体标准和规范，结合所辖区域范围内公众的切实需求，将存在的短板予以补齐，全面提升辖区范围内公共体育资源整体质量。在此期间，必须做到闲置的空地能够得到充分利用，废弃公园或广场能够得到科学修复并被打造成公众休闲、娱乐、健身的主要聚集地，从而为公众全面投身体育健身活动提供便捷的资源条件。

第三，在建设程序方面，各级行政区域内的体育场馆建设，以及公共体育设施投放都必须做出系统性的规划，还要与当地有关部门进行协调，以及征集当地公众的意见，既不可进行违规操作，也不可触碰其红线，由此确保各级体育场馆建设和设施投放规划布局不仅具有高度合理性，还是民心所向。在体育场地建设工程方案设计过程中，必须根据国家关于群众基础健身场所和设施建设标准，以及相关投放标准的具体规定进行严格复查。此后要针对工程施工的过程予以严格把关，对已经交付的健身场地和设施还要加以系统性和规范性的管理，既要明确其用途所在，还要始终保持运行过程规范合理，避免出现不正规使用现象，造成公众体育资源使用效率降低或增加公共体育资源成本投入。

（二）全面开发现有和潜在的体育设施基础资源

随着时代发展进程的不断加快，公众越来越重视身心健康发展，并普遍意识到体育锻炼和健身活动从中发挥的重要作用，因此，在体育公共资源方面有着更高的要求和更为强烈的需求。在全面加强公共体育资源均衡配置的实践道路中，加强体育设施基础建设应将全面开发现有体育设施基础资源，以及潜在的体育设施基础资源放在重要位置。具体操作应包括以下两个方面。

1.现有体育设施基础资源功能性的深度开发

当前现有的体育设施基础资源，主要集中在健身路径、乒乓球台、球类运动场地等方面，其功能性主要体现在休闲和健身两个方面，但是并没有具备使用对象的指向性功能。对此，在进行现有体育设施基础资源功能性的深度开发过程中，要结合使用人群的不同，研发适合青少年、中青年、中老年和老年人群体的体育设施基础资源，这不仅可以提高公共体育资源使用效率，还可以提高公共体育基础设施在不同人群中的分配率，有助于全面提升公共体育资源配置的均衡性。

2.潜在体育设施基础资源的开发

伟大的"造物智慧"无疑成就了中国各个历史时期的辉煌发展，在当今社会固然要将富有传统色彩的"造物智慧"发扬光大，让伟大的"造物智慧"能够为满足当代公众内心各种迫切需要而服务。因此，在进行潜在体育设施基础资源的开发过程之中，应立足人们生产生活所处环境和普遍会用到的器物，从中找寻体育设施基础资源开发的灵感。例如，动感单车就是根据自行车负重前行的原理进行开发的，进而让看似简单又常见的生活物品成为公众娱乐健身的理想资源和条件，这样既可以提高公众体育设施基础资源使用率，也能最大限度提升公共体育资源配置效率，增强资源配置的均衡性。

（三）大力开展体育设施基础建设的监督与评价工作

中国是当今世界的人口大国，满足公众最普遍和最迫切的公共体育资源需求无疑是一项艰巨任务，更是政府和有关主管部门要面临的严峻挑战，其中，体育设施基础建设是重中之重，确保其建设力度始终处于不断增大的状态则是关键。基于此，大力开展体育设施基础建设监督与评价工作，在加强公共体育设施基础建设实践中的重要性自是不言而喻的。具体操作应包括以下三个方面。

1.必须重视公众在监督与评价主体中的重要性

毋庸置疑，公共体育资源配置最终的目的就是要让广大群众在日常生产生活中，有条件去全面提高自身体质健康水平和心理健康水平，并最终推动体育产业和体育经济能够得到长足发展。在这里，满足公众的最基本与最迫切的技术体育设施需求心理则是核心所在，而能否真正得到满足显然只有公众内心之中才有具体答案，政府部门、有关主管机构或部门、相关企业给出的结果显然并不具有高度客观性。因此，体育设施基础建设监督与评价工作，必须将公众视为不可缺少的主体，监督与评价的过程和结果也会促使公众体育资源配置均衡化水平不断提升。

2. 监督与评价目标和评价原则应以"可持续满足公众关于体育设施基础资源需要"为中心

由于可持续发展是公共体育资源均衡配置始终保持高质量的必然条件，体育设施基础资源建设作为一项伟大又系统的工程，显然不能只着眼于一朝一夕，要以长远发展的眼光去看待，这样的战略部署才会具有可持续发展的空间和动力。在全力开展体育设施基础建设监督与评价工作中，必须将发展的可持续性作为重要目标，力求公众在体育设施基础资源方面的需要能够得到持续满足，由此证实公共体育资源配置均衡性的可持续提升。

3. 监督与评价的方法和指标应做到具有高度的科学性与全面性

监督与评价工作的全面落实显然要有明确路径和视角作为支撑，由此方能保证监督过程评价的结果具有高度的客观性，在大力开展体育设施基础建设力度的监督与评价工作中也是如此。其间，方法不仅要体现在问卷调查和访谈活动方面，还要注重对大数据和云计算技术的有效运用，监督与评价的指标更要包括体育设施基础建设涉及的领域、投放的力度、应用的效率等多方面，以此确保监督的过程能够使体育设施基础建设不断加强，评价的结果能够为有效改进加强体育设施基础建设力度的实施方案提供科学依据。

四、结合公众显性的物质层面和隐性的精神层面日益变化的需求，不断探求加强体育设施基础建设新的着力点

伴随市场经济转型升级的步伐不断加快，中国经济与社会发展已经达到新的高度，人们的物质生活水平正在不断提高，高质量的精神生活成为当代乃至未来社会人们新的向往。这也意味着人们在公共体育资源的需求方面，不仅体现在显性的物质层面上，还体现在隐性的精神层面上，而这也对政府以及有关主管部门加强体育设施基础建设提出了新的要求，寻找体育设施基础建设新的着力点也由此成为一项重要任务。在这里，新的着力点应落在以下三个方面。

（一）人工智能健身路径的研制与大量投放

由于人工智能领域的全面发展作为中国新兴战略的重要组成部分，是推动中国经济实现新增长的重要着力点所在，因此，国家在人工智能领域的全面发展道路建设过程中，正在不断加大投入力度，并且在技术成果应用方面也已经逐渐趋于全面化，以求为其他领域实现高质量发展提供强有力的服务。在这一时代发展的大环境下，人们对于公共体育资源的需求层次自然也随之提高，不再局限于显性的物质层面，而是正在向隐性的精神层面迈进，这显然也对体育设施基础建设提出了更高的要求。全面加大人工智能健身路径的研制与投放力度应被视为新的着力点之一。

要将新一代智能健身路径、智能健身步道、智能健身驿站的研发与推广作为主要视角，加大其研发团队的建设、研发环节的攻关、成果的鉴定、产品的生产与推广、公共健身区域投放的力度，以此确保公众不仅能在显性的物质层面对公共体育资源的需求得到满足，还能在隐性的精神层面对公共体育资源的强烈需求在现实中得到满足。具体操作包括以下三个方面。

1. 与高新技术产业之间建立协作关系

人工智能健身路径从设计环节开始，每项工作都需要有高尖端技术作为重要支撑，由此方可确保健身路径具有数字化和智能化两个重要特点。对此，政府部门要出台相关引导性政策，为有关主管部门与高新技术产业的协作关系提供良好的政策环境。之后有关主管部门要在全国范围内筛选优质高新技术研发团队和生产企业，达成协作意向，推动公众健身路径的研发与投放向数字化和智能化迈进。

2. 依托科技创新研发并生产人工智能健身路径

在与高新技术产业广泛建立协作关系的基础上，要明确科技创新方向和制定具体实施方案，力求技术攻关的主要对象得以全面确立。既要强调小程序研发，还要强调红外对射传感器等核心技术的攻关，最终通过试验科技创新成果和研发相关生产制造装备实现人工智能健身路径批量生产，帮助公众以最方便、最快捷的方式获得运动数据和运动指导，同时，使公共体育资源利用效率得到全面提升。

3. 建立健全人工智能健身路径市场营销体系

由于产品的研发与生产最终目的在于将其全面推向市场，并且获得消费者的广泛认可，在加大体育设施基础建设力度的过程中，高新技术产品的研发只是首要环节，关键在于将其全力推向市场，力保公众能够加以高度认可，人工智能健身路径的研制与大量投放也是如此。对此，有关主管部门要协同企业共同建立并健全人工智能健身路径市场营销体系，在做好新产品功能性宣传活动的同时，要注重公众体验感的广泛形成，以此让新产品获得公众高度认可成为可能，最终实现人工智能健身路径在公共健身区域得以大量投放并保证其使用效率。这样不仅可以有效控制公共体育资源投放成本，还可以让其配置效率得到全面提升，以此助力公共体育资源均衡配置水平的整体提升。

（二）高新技术体育场馆的设计与建设

随着中国高新技术产业发展步伐的不断加快，新兴行业正在强势崛起，中国也由此从"生产制造大国"向"创造强国"迈进，智能科技应用在各行业的各领域，正在为公众日常生产生活创造前所未有的科技新环境。对此，在全力加强体育设施基础建设的过程中，高新技术体育场馆的设计建设应被作为重要的着眼点，以求公众在显性的物质层面和隐性的精神层面的体育资源需求得到全面满足，从而让公共体育资源均衡配置达到新的高度。具体操作包括以下两个方面。

1. 场馆设计的功能性要体现极强的科技感，从而让公共体育资源为公众带来智能化新体验

在设计方案过程中，场馆布局既要体现高度的科学合理，还要体现健身和休闲区域可供大型智能设备的安放，为公众体验智能健身构建极为理想的平台。除此之外，场馆布局还要强调场馆的多功能性，既要有基本的智能化健身区域，还要有智能化的观赛区和娱乐、保健、养生区域，让公众在体验公共体育资源过程中，充分感知体育场馆的科技感和智能化。

2. 场馆建设要注重新材料、新工艺、新技术的应用，确保公共体育资源让公众感受到人性化建设理念

在高新技术体育场馆建设的过程中，无论是在施工技术的选择上，还是内部设施的工艺和材料的选择上，都要以生态环保的理念为基础，确保场馆和设施不仅能够满足公众在体育健身时的基本需要，还能在体验公共体育资源科技创新力的同时，体会到人性化的理念（如新一代运动木地板、水下跑步机等），从而确保公众在显性的物质层面和隐性的精神层面的公共体育资源得到最大限度的满足，为公共体育资源实现高度均衡配置打下坚实基础。

（三）虚拟现实技术领域公共体育资源的研制与应用

在当今时代大背景与大环境之下，便捷化已经成为公众在日常生产生活中的普遍需求，参与公共体育活动显然也不例外。对此，为了更好地满足公众在日常体育活动中这一普遍性和迫切性的需求，在体育设施基础建设的过程中，应将加大虚拟现实技术领域公共体育资源的研制力度和应用力度作为重要着力点之一，确保公众在虚拟的环境之下能够体验到极为真实的运动环境，由此对全面提高公共体育资源均衡配置水平起到积极推动作用。其间，具体操作应落实在以下两个方面。

1. 在虚拟现实的公共体育资源研制方面要始终强化技术层面的创新

众所周知，虚拟现实技术作为当今中国高新技术产业的重要组成部分，正在不断加快技术创新的步伐，并且在文创、建筑物和土地等产业发展中已经实现广泛应用，但是在公共体育领域中并没有实现广泛应用。究其原因就是在技术层面并没有相关的技术为之提供重要支撑条件。这就需要政府及有关主管部门加大对公共体育资源虚拟现实技术创新团队的投入力度，结合公众参与体育健身的实际情况，将虚拟现实技术予以升级，提高该技术在公共体育资源开发中的适用性，以此确保具备虚拟现实感的公共体育资源进入体育市场（如虚拟现实健身馆等），使隐性的精神层面的公共体育资源得到有效丰富。

2. 在虚拟现实的公共体育资源应用方面要始终加强技术性和观念性的引导

在设计并研制出具有虚拟色彩的公共体育资源的基础上，有关主管部门要将其功能性和应用价值进行广泛性和客观性的引导，让公众能够高度明确该公共体育资源应用的意义，以及如何做到科学合理地运用此类公共体育资源，由此保证使用效率能够实现全面提升，并为全面提高公共体育资源配置效率和均衡配置达到理想化水平夯实基础。

第二节　完善体育资源配置方式

一、立足物力资源，完善公共体育"硬件"条件的配置

从公共体育资源体系基本结构出发，物力资源作为资源体系的基本结构组成，也是公众日常参与各项体育活动必须具备的基本资源条件，其中，"硬件"条件的需求程度显然最高。因此，在进行以市场为主导的公共体育资源均衡配置过程中，势必将完善公共体育"硬件"条件的配置放在首位，实践操作应从以下两个方面入手。

（一）依托规划部门的社会调研和市场调研成果，制订公共体育"硬件"资源的建设与投放规划

从补齐短板最为有效的方法出发，了解短板所在则是必不可少的手段所在。因此，进行物力资源层面的公共体育"硬件"资源配置，应将开展社会调研和市场调研工作视为基础，并对调研结果做出具体分析，由此才能制订出资源建设与投放的科学规划，并让其在高质量的资源均衡配置中成为重要推手。

1. 全面开展社会调研与市场调研工作

就当前而言，公众对于公共体育资源的普遍需求通常体现在"硬件"层面上，但是哪一类体育资源有着怎样的需求需要通过社会调研和市场调研工作方可知晓。基于此，政府部门和有关主管部门应联合行业协会，与企业共同发起全面开展社会调研和市场调研活动，采用问卷调查、专

家访谈、数据统计等方法，将公众对于公共体育"硬件"资源的需求方向和需求程度进行全面整理与归纳，还要将专家访谈结果进行系统性的整理，将其观点加以归类，以此确保对公众公共体育"硬件"资源的需求方向和需求程度能够有着客观的认知。

2.全面分析社会调研与市场调研成果

在通过全面开展社会调研和市场调研、明确公众对公共体育"硬件"资源的需求方向和需求程度的基础上，要将现实情况产生的原因进行系统化分析，从而辨明公共体育"硬件"资源应该以怎样的方式进行配置最为合理，从中充分体现出配置的均衡性。在此期间，要针对公众对公共体育"硬件"资源需求的心理、该心理产生的原因（如兴趣、爱好、职业影响等因素）、市场能够为其提供的资源保障条件，以及造成市场公共体育"硬件"资源供求失衡现象的主要原因进行深入分析，这样不仅可以帮助政府对体育资源市场有效进行宏观调控，还有利于行业协会和企业能够准确把握市场发展的脉搏，为公共体育"物质"资源高效配置夯实基础，最终助力公共体育"硬件"资源配置实现高度均衡化。

3.科学制订公共体育"硬件"资源的建设与投放规划

在明确当前公众对公共体育"硬件"资源需求总体方向和需求程度及当前市场供应局面产生的原因基础上，要有指向性地制订出具体建设与投放规划，让实现均衡化配置拥有更为直接、更为理想的前提条件。在这里，规划中应包括三个部分：第一，技术创新型资源应作为主要选择；第二，根据人口规模和资源需求间的比值明确资源投放范围和数量；第三，根据实时性的社会调研和市场调研结果明确资源更新速度。

（二）根据各地区体育资金投入情况，有效完善公共体育"硬件"资源配置方法

首先，从当前中国经济与社会发展的总体情况出发，各地区虽然发

展的步伐都正在不断加快，但是总体水平并未处于同一高度上，因此，在公共体育资源建设方面的资金投入力度也各不相同。其次，从当今时代背景下人们对公共体育资源的总体需求情况进行分析，各地区经济与社会的发展必然会提升公众整体的物质生活水平，对于精神生活的追求也会随之增加，不仅会导致对基础公共体育资源的需求更加迫切，还会使高标准的公共体育资源的需求呈现多样化特征。针对于此，加大物力资源的投放力度，并且做到将"硬件"资源通过科学的方法进行有效配置自然成为关键。具体操作应包括以下三个方面。

1. 要以市场为主体，建立公共体育"硬件"资源配置模式

在市场经济背景下，以政府为主体的公共体育资源配置模式存在弊端，特别是在产业结构不断转型升级的今天，该资源配置模式显然更不适用。因此，要以市场为主体，围绕体育产业发展进行公共体育资源配置更为合理，不仅可以实现公共体育资源市场供需关系的高度平衡，还可以确保公共体育资源投入的力度始终保持高度科学与合理，进而让提升公共体育资源配置效率带动公共体育资源配置均衡性的不断提高，而这也正是有效完善公共体育"硬件"资源配置方法的首要环节。

2. 要以政府为主导，有效针对公共体育"硬件"资源市场进行强有力的宏观调控

政府在以市场为主体的公共体育资源配置模式中，要强调以政策作为引导，并针对体育产业发展的实际情况进行宏观调控，确保体育产业内部始终能够以良性竞争促进资源创新，避免市场失灵和市场垄断的状况出现，以此为公共体育"硬件"资源配置始终保持高度均衡性提供有力保证。

3. 要以企业为核心，促进企业在公共体育"硬件"资源领域的不断创新

由于公共体育"硬件"资源的均衡配置关键在于配置效率的全面提

升，必须确保以公众对公共体育"硬件"资源的满意度为前提，全面提升"硬件"资源的质量和数量，在确保其利用效率能够达到最大化的同时，通过降低资源闲置率的方式对"硬件"资源投入进行合理控制。这样不仅可以提高公共体育"硬件"资源配置效率，还可以在无形中提升其配置的均衡性。在这一过程里，企业在公共体育"硬件"资源材料、工艺、技术方面的创新显然起到重要支撑作用，同时，在该资源均衡配置模式下会激发企业在上述领域的创新能力。

二、立足人力资源，全面加强社会体育指导员的配置

由于人力资源是公共体育资源体系的重要结构之一，人力资源的科学配置作用体现在推动国家体育事业的蓬勃发展上，在进行公共体育资源均衡化配置过程中，应将其视为重中之重。其中，特别是社会体育指导员的科学配置应予以高度重视，具体实践路径主要包括以下两个方面。

（一）公共体育器械类社会体育指导员的科学配置

社会体育指导员是公众正确参与体育运动和健身活动的重要组织者与指导者，因此，必须将其视为公共体育资源不可缺少的一部分。针对于此，在公共体育人力资源均衡配置的实践过程中，要将公共体育器械类社会体育指导员的科学配置放在首位，具体操作如下。

1.明确公共体育器械类社会体育指导员数量和区域分布情况

由于"科技创新"已经成为当今中国经济与社会发展的基本大环境，各领域发展普遍将其作为长足发展的动力，进而各领域产品研发与生产都在以科技创新作为重要理念，公共体育资源的研发与生产过程也不例外。其中，特别是在器材类公共体育资源方面，新技术、新工艺、新材料的应用较为普遍，确保其使用效率的全面提升自然要有充足的社会体育指导员进行有效指导。在此期间，有效进行器材类社会体育指导员的

均衡配置，不仅要对其辖区范围内的数量加以明确，还要将其分布情况予以掌握，从而方可衡量能否满足公众使用器材类公共体育资源的总体需求。

2. 明确公共体育器械类社会体育指导员调动范围

从公共体育人力资源配置的一般过程的角度出发，通常在明确所辖区域范围内器械类社会体育指导员数量以及分布范围的基础上，结合各固定区域内器械类公共体育资源需求的人口数量，计算出二者间的比例，最后进行有效的调动或补充。在这里，明确社会体育指导员的调动范围就成为基础中的基础、关键中的关键。其间，调动范围过大的固定区域则要考虑合理增加社会体育指导员的数量，调动范围相对较小的固定区域则由有关管理部门根据需要随时调动即可，以此保证公共体育人力资源的使用效率能够达到最大化。

（二）健身知识宣传员的科学配置

伴随中国体育事业发展步伐的不断加快，"全面健身计划"已经在全国范围内如火如荼进行，公众参与健身活动的热情更是达到前所未有的高度。对此，健身知识宣传员的科学配置也成为当代乃至未来公共体育人力资源均衡配置工作的一项重要内容。具体操作应立足以下两个方面进行。

1. 科学统计健身知识宣传员的数量与分布情况

在全民参与健身活动的过程中，了解并掌握专业化的健身知识显然有助于公众全面提升体质健康水平，切实感受到健身活动带来的快乐。因此，公众对于健身知识宣传员的需求正在不断增加。然而，在进行该类型人力资源均衡配置的过程中，必须将所辖区域范围内的健身知识宣传员数量，以及分布情况进行科学统计，进而让公众需求与健身知识宣传员间的配比能够得以清晰呈现，为有关部门合理进行该类公共体育资源配置提供重要依据。

2. 明确健身知识宣传员的流动范围

为了实现人力资源作用与效率的最大化发挥，从而对资源投入过程中的成本进行有效控制，因此，公共体育健身知识宣传员的工作具有流动性的特征。但是，必须确保其流动性能够满足区域范围内公众进行体育健身活动的切实需求。这就需要政府部门以及有关管理部门对健身知识宣传员的流动范围予以高度明确，并以此为依据进行宏观调控和全面调节。对健身知识宣传员流动范围较小的区域，不断加强其调节的及时性即可；而对健身知识宣传员流动范围较大的区域，要根据区域公众参与体育健身活动的需求程度，合理增加其数量，以此实现该类公共体育人力资源的均衡化配置。

三、立足资源管理，优化公共体育资源分层管理制度

在以市场为主体的公共体育资源均衡配置模式的运行过程中，不仅要强调均衡配置方案的系统化与明确化，还要在方案的各运行流程中对其进行科学管理，以此为公共体育资源实现高质量的均衡配置提供重要保障力。在这里，高效率的管理应具备制度层面的支撑条件，并且确保支撑条件的充足性，以下四个方面是较为理想的选择。

（一）有效进行公共体育资源配置的分层

公共体育资源配置实现高度的均衡化必须具备极为基础与关键的前提条件，即扁平化的组织管理体系和与之相对应的决定层级。之所以该前提条件最为基础，同时也最为关键，是因为组织管理体系越复杂就越容易造成责权范围重叠，并且在资源配置过程中消耗的时间会越长，进而导致其全过程的成本不断增加。

针对于此，政府部门和有关主管部门要在现有的公共体育资源管理

组织架构方面进行科学精简，确保最高层主管部门与基层公共体育资源配置执行部门间能够形成直接对接，确保存在的现实情况能够在第一时间予以反馈至最高层主管部门，并且在做出统一规划和战略部署后，能够以最快的速度下达至基层公共体育资源配置部门。这样不仅可以有效减少其运行时间，还可以有效降低公共体育资源配置的成本。

除此之外，赋予各部门的权力要与之保持高度匹配，切实做到在将公共体育资源配置有关权力进行分散和下放的同时，将各部门肩负的职责予以高度明确，由此方可确保公共体育资源配置上传下达的过程更加通畅，并且能切实做到责任到人。这样的公共体育资源配置组织架构必然能够实现权力有效分层，资源配置效率也会随之得到有力保证，公共资源配置的均衡性势必随之提高。

（二）立足体育资源类型进行资源职能的分解

随着公众对公共体育资源需求的差异不断加大，其类型也正在不断增加，各种类型资源本身具有的价值正在不断增加，这显然给公共体育资源的管理工作带来了严峻的考验，其均衡化配置的道路也要承担前所未有的压力。究其原因主要是同类型的公共体育资源往往不仅仅具有健身功能，更具有娱乐身心和促进体育产业发展的功能，因此，在进行某一类型资源均衡配置的过程中，必须考虑其实用价值和经济价值。这也意味着在进行公共体育资源均衡配置的过程中，要围绕资源的类型进行资源职能的全面分析，由此方可确保资源配置的效率。

在这一过程里，要做到以既客观又理性的视角去审视各类资源本身具有的价值，从中深入挖掘资源本身的职能所在，进而方可以此为依据，将其准确划归至相应的管理范畴中。例如，很多类型的公共体育资源的作用在于满足公众精神层面的需求，具有较高的经济价值，还具有愉悦身心的作用，因此，其促进体育产业经济发展的职能较为明显（如体育赛事等），这一类公共体育资源显然要在资源配置过程中单独归属于某一管理部门，由此方可确保资源配置的高效性和均衡性。而有些类型公共体育资源能够为公众积极参与体育活动起到重要的服务和保障作用，其服务职能较为显著，因此，该类型公共体育资源管理自然也要单独隶属于某一管理部门，由此才能确保其配置的效率和均衡性的快速提升。

（三）使公共体育资源信息保持高度开放

就资源管理的高效率而言，信息的充足程度、及时性、准确性无疑是三个不可或缺的条件。其原因并不复杂，如果存在信息不对称的情况，那么必然导致资源管理与现实需求之间的步调不一致，资源配置的方案会具有明显的滞后性，资源闲置和资源浪费的情况也会逐渐加剧，这样资源配置的效率和均衡性就显然难以得到有效保证，公共体育资源均衡配置的过程也是如此。因此，在确保公共体育资源配置始终保持高度均衡状态的全过程中，应最大限度做到使公共体育资源信息保持高度开放。

首先，政府部门和有关主管部门要针对当前公共体育资源的投放量和投放范围向全社会公开，让公众、有关行业协会、企业能够知晓当前公共体育资源的总体投放情况。其次，行业协会和企业要将现有公共体育资源和正处于研发阶段的公共体育资源类型，以及生产能力向全社会公布，让政府和有关主管部门可以充分掌握市场发展动态，让公众能够从中明确自身需要的公共体育资源在未来是否可以得到充分满足。最后，公众要将自身关于公共体育资源的需求信息及时上传至有关部门信息征集系统，让政府、有关主管部门、行业协会、企业能够及时有效地了解公众在公共体育资源方面的需求动态，以此为全面提高资源配置效率和均衡性提供重要的信息支撑条件。

（四）"认养制度"要成为公共体育资源均衡配置的一项重要管理制度

从资源高质量管理的角度进行分析，管理机构或部门以积极主动的态度开展个性工作无疑是最直接、最有效的条件所在，由此也能给资源高效配置和提高配置的均衡化水平提供重要保证。针对于此，确保体育公共资源配置效率，大幅度提升其配置的均衡性就需要有关管理机构或部门始终保持积极主动的态度，将"认养制度"视为将其转化为现实的一项重要管理制度。这样显然也能充分凸显有关管理机构和部门在公共体育资源均衡配置过程中履行的责任与义务。

其间，该制度高度明确有关管理机构或部门要针对不同类型公共体育资源的职能不断进行深入剖析，并且按照职能归属分别划归至相关的管理部门。如果有职能存在共性特征，且资源本身的价值存在交叉性的资源类型，各部门要积极主动地进行资源类型"认养"，并在资源管理的全过程始终对其加以重点关注，以此确保其价值在当今社会能够达到最大化。在这一管理制度的作用下，不同类型公共体育资源的投放量显然可以得到最为科学的管控，不仅可以提高其使用效率，避免资源闲置现象的出现，还能保障公众对体育资源的迫切需求得到充分满足，进而充分彰显公共体育资源配置效率的高效性，有效助力公共体育资源配置均衡性的大幅提升。

第三节　做好社会资源有效动员

一、社会医疗保障资源的大力动员

从中国经济与社会发展角度进行分析，社会医疗保障资源是国家经济与社会始终保持高质量发展的基本保障条件。因为民众最基本的医疗服务需求得到全面满足才能确保社会发展始终处于高度和谐的状态，各项事业的发展才能有条不紊地进行。而公共体育资源的均衡化配置也是为了促进公众体质健康水平和心理健康水平的全面提升，与社会医疗保障资源大力发展有着相同的目的性。对此，大力动员社会医疗保障资源积极参与公共体育资源配置显然具有较为明显的可行性，其操作应由以下三个方面构成。

（一）将各级卫生服务主管部门作为公共体育资源均衡配置的重要组成部分

从职责层面出发，各级卫生服务主管部门是有效调节公共卫生服务资源、全力为社会提供医疗卫生服务保障条件的主体，其职能和责任主要体现在促进公共卫生事业的高质量发展上，以确保公众能够有健康又舒适的生产生活环境。然而，随着时代发展进程的不断加快，影响公众身体健康的因素不仅体现在环境维度上，还体现在自身维度上，全面引领公众积极参与体育锻炼和健身活动则是全面提升其身体健康和心理健康水平的关键所在。因此，各级卫生服务主管部门在当今时代背景下要肩负一项新的职能，即助力公共体育事业的全面开展，而这也意味着各级卫生服务主管部门要作为公共体育资源均衡配置的重要组成部分。实践中的具体路径应包括以下三个方面。

1. 省市级卫生服务主管部门在公共体育资源均衡配置中的作用发挥路径

省市级卫生服务主管部门要全面立足国家医疗卫生、社会保障、体育事业发展的战略部署，统筹全省和全市范围内上述三个方面战略发展规划，形成医、保、体相互融合的战略发展体系，确保在社会公共保障体系始终保持高度健全的前提下，公众在公共医疗、公共卫生、公共体育三个方面资源能够得到全面满足，进而打造医疗、社会保障、公共体育三产融合的发展新局面。在这里，省市卫生服务部门要联合社会保障和公共体育资源管理有关部门，将结合资源投放量和社会需求程度之间的具体情况做出系统化分析，从中得出公众关于上述资源的整体需求情况。最终，以此为立足点，有针对性地将公共体育资源配置方向、数量、原则予以确定，确保省市级卫生服务主管部门能够发挥公共体育资源均衡配置的新职能。

2. 区县级卫生服务主管部门在公共体育资源均衡配置中的作用发挥路径

区县级卫生服务主管部门要紧紧围绕省市级卫生服务主管部门，以及文化与体育主管部门提出的新要求，全面制定以区县卫生服务机构为中心的公共体育资源开发、经营、管理方案。其中，要做好管辖区域内体育与健康服务资源类型设计和开发的整体方案，以及有关产品与服务的经营方案，确保区县级卫生服务工作与公共体育资源均衡配置工作能够保持统一战略部署，力求区县级卫生服务主管部门能够成为公共体育资源均衡配置的新平台，协调并带动区域管辖范围内医疗卫生事业和文化体育事业高质量和协同化发展。

3. 乡镇级卫生服务主管部门在公共体育资源均衡配置中的作用发挥路径

乡镇级卫生服务主管部门要协同村医疗站和村委会，针对体育医疗服务资源和公共体育资源的需求情况进行全面了解，并且将现有的体育医疗资源和公共体育资源进行全面摸排，确保乡镇卫生服务部门、文化与体育事业主管部门、村委会之间能够形成密切合作，高度明确体育医疗资源供需总体情况。这显然对乡镇公共卫生资源和公共体育资源的有效丰富起着重要的帮助作用，有利于全面加快乡村医疗与体育实现一体化发展，更能有效确保乡村医疗卫生事业和文化与体育事业的同步发展。公共体育资源配置的均衡性也由此得到切实保障，而这也为加速乡村振兴的进程发挥重要的推动作用。

（二）将社区医疗卫生服务机构作为公共体育资源配置的重要视角

全面提升社区医疗服务水平无疑是公众最大限度获得医疗保障的主

要标志，也是中国特色社会主义现代化强国建设最为根本的体现。其中，社区医疗服务水平全面提升的重要目的就是要让社区居民始终高度关注身体健康，并能对其加以有效维护。公共体育资源均衡配置恰恰也是以这一最终目的为基本出发点的，进而促进中国体育事业实现高质量和可持续发展。对此，将社区医疗卫生服务机构纳入公共体育资源配置范畴的重要性和紧迫性极为显著。在实践中的操作应由三个方面构成，具体如下。

1. 明确社区医疗卫生服务机构与公共体育资源配置之间的关系

上述内容已经初步呈现出公共体育资源配置和社区医疗卫生服务机构之间存在的关系。具体来讲就是社区医疗卫生机构在公众内心之中的依赖性普遍较高，因此，将其作为公共体育资源推广的主要平台可保证资源受众范围达到最大化，并能让公共体育资源的类型变得更加多样性，切实广泛满足公众在身体和心理健康方面的切实需要。这样不仅让社区医疗卫生服务机构的功能性得到最大限度发挥，还让公共体育资源的利用效率得到全面提升。在提高资源配置效率的同时，该资源配置的均衡性也会得到最大限度增强，而这也是将社区医疗卫生服务机构作为公共体育资源配置重要视角的根本原因所在。

2. 确定利用社区医疗卫生服务机构推动公共体育资源配置的主要方案

在确定公共体育资源配置与社区医疗卫生服务机构之间存在的具体关系的基础上，要将以社区医疗服务机构为主体，有效进行公共体育资源配置的主要方案进行高度完善。其中，不仅要确保公共体育资源配置有关机构工作人员能够常驻社区医疗卫生服务机构，为公众日常参与体育锻炼和体育休闲活动提供正确指导方案，还要与社区医疗机构医护人员保持密切的沟通与协作，明确日常公众在参与体育锻炼和健身活动时经常出现的身体状况和心理状况，并且做出系统性分析，从而确定常备的公共体育资源和医疗卫生资源。这样不仅可以确保社区医疗卫生服务机构成为增强公众身体健康与心理健康的重要资源，还可以让社区医疗卫生服务机构具有更强的功能性。

3.建立社区体育医疗资源开发与推广体系

在确定利用社区医疗卫生服务机构推动公共体育资源配置的具体方案后，要针对社区体育医疗资源进行全面开发与推广，具体操作既要体现在全面开展社区居民身体健康和心理健康水平，以及日常参与体育锻炼和休闲健身活动的调研活动上，还要对社区体育健康指导与服务形式的创新性方面不断进行深度开发，让更多有助于公众全面增强和保持身体健康和心理健康水平的体育医疗资源与服务能够进入社区医疗卫生服务机构，并且通过社区体育医疗服务宣传工作的全面开展促进该类型资源的全面推广。这样不仅能全面拓展和提高社区医疗卫生服务机构的服务范围与质量，还能让公共体育资源配置的效率实现进一步提升，为全面增强公共体育资源配置均衡性提供强大的推动力。

（三）高度重视与商业型医疗服务机构之间的紧密合作

商业型医疗服务机构作为当今中国医疗产业的重要组成部分，在全面加快中国医疗卫生事业高质量发展步伐中发挥的作用至关重要。而公共体育资源均衡配置最终的目的就是要促进公众身体健康水平和心理健康水平的不断提升，因此，其对中国医疗卫生事业和体育事业高质量发展起到的作用明显。在全面提升公共体育资源均衡配置的道路中，应高度重视与商业型医疗服务机构之间的紧密合作，让"医体融合"成为公共体育资源均衡配置达到高水平的重要推动力。其间，合作全过程应高度重视以下三个方面。

1.明确与商业型医疗服务机构之间存在的具体关系

商业型医疗服务机构，顾名思义是以营利为主要目的的，通过向全社会提供各种医疗服务来满足公众在身体与心理健康方面的切实需求，从中实现自身利益的最大化。公共体育资源均衡配置则以促进公众积极参与体育健身活动为主要手段，促进全社会身体健康水平和心理健康水平得到全面提升。因此，二者之间有着共同的目的，在进行公共体育资源均衡配置过程中，可以将商业型医疗服务作为重要的合作对象，通过共同努力实现全面增强全社会身体健康与心理健康水平的最终目标。而这也正是全面拓展公共体育资源类型，提升其配置效率和达到配置均衡性最大化目标的有力推手所在。

2. 建立与商业型医疗服务机构合作的模式

在明确商业性医疗服务机构发展与公共体育资源均衡配置之间的具体关系基础上，要针对合作模式的构建进行全面化和深层次探索，确保合作路径能够具备极高的可操作性和可实现性。其间，不仅要强调政府与有关主管部门为之提供的政策性引导，以及宏观层面的调控和微观层面的协调，还要明确相关企业和商业型医疗服务机构在服务资源设计、开发、生产过程中的职责与义务，从而确保商业医疗服务机构不仅仅是公共体育服务资源生产和传播的主要载体，更是资源创新的主要平台，力保商业医疗服务机构和公共体育资源均衡配置的高质量、可持化发展。

3. 形成体育商业型医疗服务产业链条

在确定与商业型医疗服务机构的合作模式后，要针对合作流程中的各节点进行全面完善。其中，既包括医疗服务整体方案设计，又包括医疗服务产品类型的研发、资源供给渠道的设立、服务产品的推广等多个方面，以此充分保证公众不仅能全面了解体育医疗服务项目本身具有的优势，还能从中找寻适合自己的体育医疗项目，在推动公共体育资源体系内部资源要素实现有效创新的同时，提高公共体育资源配置效率和配置的均衡性。这显然在无形中促进了我国体育产业和医疗产业的发展。

二、社会专业人才资源的大力动员

公共体育资源均衡配置是一项社会性工程，其运行过程显然需要全社会共同参与。其中，政府与有关主管部门不仅要立足其社会效益方面的科学调控和有效调节，还要确保能够为其实现经济效益的最大化采取各项措施。对此，社会专业人才的大力动员自是不可缺少的一项。其中，体育院校提供综合型专业人才供给、竞技系统提供专业性人才供给、有关培训企业提供管理型人才供给自然是重要着力点所在。从以下三个方面内容分别进行系统性阐述。

（一）体育院校提供综合型专业人才供给

体育院校作为培养体育领域高质量人才的前沿阵地，无疑对中国体育事业又好又快发展发挥着至关重要的推动作用。其中，社会体育专业作为体育资源管理人才培养的摇篮，不仅强调人才深层次了解各项体育运动，还要求其资源管理能力的全面发展。而这恰恰能够为各地区公共体育资源均衡配置提供强有力的人力资源保证，并且人才质量本身能够呈现高水平和高质量特征。针对于此，在动员社会专业人才资源积极参与公共体育资源均衡配置的道路中，体育院校显然是专业人才供给的理想选择之一。

其间，操作应从两个方面入手：一是政府部门和有关主管部门要与当地体育院校建立合作关系，强调彼此间的资源共享；二是明确在合作过程中的具体职责，力求在全面提高公共体育资源均衡配置水平中实现"共赢"。

具体而言，前者的主要目的就是确保体育院校大学生能够明确公共体育资源管理工作的实际要求，通过具有高度真实性的实践平台让在校大学生能够感受到公共体育资源均衡配置达到理想化目标所必须具备的能力，从而全面提高体育院校在校大学生体育资源管理领域的综合实践能力。后者是针对人才培养和流向做出明确规定，力保体育院校管理型人才培养中不仅能够拥有专业性极强的教育资源，还能够在人才就业与创业方面具有明确的指向性。而公共体育资源管理部门则会从中获得更多高质量的专业人才，以满足当今时代乃至未来社会对公共体育资源均衡配置提出的更高要求。

（二）竞技体育系统提供专业性人才供给

随着中国体育事业进入高质量且可持续的发展新阶段，中国竞技体育系统要将自身作用最大限度发挥出来，为中国体育事业发展迈向新高度提供强大的推动力。公共体育资源均衡配置是全面保障中国体育事业迈向新台阶的重要条件，竞技体育系统要在专业性人才供给方面予以支持。

具体操作应包括三个方面：一是专业性人才供给；二是专业性场地与设施供给；三是专业性组织体系供给。以此确保公众参与体育活动的全过程能够最大限度获得具有专业性的资源，保障公共体育资源体系建设具有较强的专业性，从而助推资源配置的均衡性不断提升。

具体而言，竞技体育系统要发挥专业运动员队伍和教练员队伍的专业能力，定期组织运动员和教练员深入社区，集中开展体育运动和运动休闲项目的指导工作，帮助公众能够正确认识适当进行体育运动对身体的益处，以及过度运动对身体造成的危害。与此同时，专业性人才还要指导公众怎样正确开展体育活动、运动负荷应该在怎样的范围内、体育运动之后如何进行身心放松，让公众能够感受到公共体育资源具有极高的专业性。

除此之外，专业训练场地和比赛场地要定期向公众开放，即可自行组织相关体育活动，也可由专业人士组织具有趣味性的体育比赛，进而让竞技体育系统内部专业资源更好地为群众体育事业高质量发展提供专业服务，确保体育资源的利用率能够达到最大化，助力公共体育资源配置均衡性实现进一步提升。

（三）有关培训企业提供管理型人才供给

从市场经济大环境下的公共体育资源均衡配置模式角度进行分析，以市场为主体的公共体育资源均衡配置不仅要注重社会效益的最大化，还要兼顾经济效益实现最大化。因此，公共体育资源配置应考虑商业性培训企业从中能够发挥的供给作用，确保公共体育资源均衡配置水平实现最大限度跃升。在此期间，管理型人才的供给无疑是又一有力抓手。

在实践操作中，应从两个方面入手：一是与商业性培训企业建立战略合作关系，二是明确政府部门、有关主管部门、企业之间的责任与义务。

具体而言，商业性培训机构显然是以营利为目的的，因此，在管理型人才培养方面必然会建立一支极为优质的师资队伍，保证人才培养的专业性，进而提升在体育产业内部的核心竞争力。对此，在有关商业性培训企业为公共体育资源配置提供强有力的管理型人才供给过程中，政府要通过政策引导的方式，为之提供政策与资金方面的支持，促进商业性培训机构积极参与公共体育资源管理人才的培养活动。同时，有关主管部门要与商业性培训机构广泛建立合作关系，可通过"线上"和"线下"相结合的方式，开展人才培训工作，确保公共体育资源管理人才在理论知识、专业技能、业务素养方面得到全面提升。其间，政府要明确其作用体现在"架设合作桥梁"上，企业的作用则是为管理型人才提供培训师资和培训场地，有关主管部门的作用则是体现在监督与评价上，以此保证体育产业发展既能为公共体育资源均衡配置提供高质量的专业性人才，也能促进体育产业的经济效益和社会效益的同步提高。

三、社会产业资源的大力动员

当今时代经济发展的格局主要体现在产业间融合发展上，在深度融合过程中找寻新的发展方向和增长点，以此确保经济发展步伐始终能够保持高效化。在这一时代背景下，公共体育资源配置更加强调高效化，从而带动资源配置均衡性的不断提升。由于通过以市场为主体的公共体育资源均衡配置模式能够达到这一目标，公共体育资源建设的全过程与社会产业资源之间保持高度的融合就成为必然，具体操作主要包括以下三个方面。

（一）与文创产业的大力合作

文创产业作为当今大力继承和发扬中华优秀传统文化的重要路径，也是社会文化资源的重要组成部分。体育文化作为重要的公共体育资源，是满足公众精神层面对公共体育资源迫切需求的重要抓手，因此，对体育文创产品不断进行深层次开发，并且予以科学配置是公共体育资源均衡配置达到新高度的新突破口。对此，与文创产业之间的大力合作是有效动员社会资源、全面提高公共体育资源配置效率和提升配置均衡性的理想选择。具体操作包括以下三个方面。

1. 确立与文创产业合作的核心价值定位

高质量的公共体育资源均衡配置前提条件在于资源类型得到不断拓展，让资源类型本身具有多样化特征，能够满足不同人群的差异化需求，以此才能为其高度均衡的配置提供广阔空间。体育文化是创造中国体育事业可持续发展环境至关重要的条件，人们深刻感受到体育文化必然推动社会体育事业取得长足发展，其核心价值体现在中国体育事业发展的可持续性方面。因此，将公共体育资源建设与文创产业相结合，必然让体育文创产品出现在公共体育资源体系中，能够在满足公众精神层面对于公共体育资源迫切需求方面发挥至关重要的作用。

2. 保持与文创产业合作的连贯性

与文创产业进行深度合作，目的就是要让这类公共体育资源始终能够满足公众的迫切需要，并使公众在参与体育活动过程中始终能够获得文化陶冶和文化引领，帮助公众树立正确的体育观念。对此，有效保持与文创产业之间的合作连贯性，让更多具有体育特色的文创产品始终存在于体育市场中是至关重要的一环。其中，不仅要明确与文创产业合作的模式，还要确定合作过程中参与主体的角色定位，由此确保政府与有关主管部门能够提供政策性和方向性的引导，企业与文创机构之间始终在材料、工艺、技术方面坚持创新的理念，为全面提高公共体育资源配置效率，并最终实现高度均衡化的目标提供长足动力。

3. 开发并打造具有地域特色的体育文创产品与品牌

中国广袤的大地不仅承载的历史文化丰富，还具有特色鲜明的特征。其中，富有鲜明地域特色的体育文化更是中国历史文化的重要组成，将其与现代体育完美融合，必然能够开发出具有地域特色的体育文创产品，再通过系统化的运作也势必打造出具有代表性的体育文创品牌。这些体育文创产品与品牌是该类型公共体育资源体系新的组成部分，并且能够满足当代社会公众对公共体育文化资源提出的高要求。从设计采购环节开始，直至成品出现，政府、有关主管部门、企业、文创机构之间始终要做到保持紧密交流与合作，还要做到不间断地加强联营、展销、线上推广等活动，力求形成一套体育文创产品经营体系，同时产生品牌效应，为公共体育资源全面满足公众精神层面需求提供有力保证，进而在带动公共体育资源配置效率不断提升的同时，加快其均衡配置的步伐。

（二）与房地产业的相互协同

面对当今社会公众对体育健身活动的追捧，公共体育资源的主要追求方向依然体现在体育场馆和体育设施层面上。这些公共体育资源具有鲜明的物质色彩，也是承载社会体育事业高质量和可持续发展的重要平台所在。其中，体育场馆、体育公园、健身步道的建设需要房地产业的支持，由此才能确保此类公共体育资源高度满足公众日常健身娱乐和体育活动组织的切实需要。与房地产业之间的相互协同自然成为全面提升公共体育资源配置效率，促进资源配置实现高度均衡化的有力保证。其中，相互协同的路径应着重强调以下三个方面。

1. 明确体育产业与房地产业发展之间的关系

房地产业对中国经济与社会的发展具有至关重要的作用。随着时代发展进程的不断加快，人们在身体健康与心理健康方面已经有了更高的追求，因此，体育产业也成为中国产业经济发展新的增长点。人们在选择房产的过程中，更加关注体育配套设施是否高度完善，而这也对房地产业的发展提出了更高的要求。以体育资源的完善促进房地产业的发展，以及以房地产业促进中国体育产业的高质量发展就成为全面推动房地产经济和体育经济的重要抓手之一，也是确保公共体育资源实现高质量均衡配置新的突破口。这也充分说明体育产业与房地产业发展之间存在极为直接的作用关系。

2. 建立与房地产业协同合作的模式

公共体育资源建设与房地产业之间携手，共同推动公共体育资源均衡配置和房地产业经济高质量发展是一项极为系统的工程，不仅需要参与主体之间明确自身的责任与义务，还要建立一套完整的协同合作的模式，由此才能保证协同合作的各项流程有条不紊地进行，确保公共体育资源均衡配置的水平得到进一步提升和房地产业的经济发展实现可持续性的增长。在此期间，政府与有关主管部门要在政策方面予以宏观调控和有效协调，有关企业要针对体育健身配套场地和设施布局进行合理规划，从而确保区域范围内的居民不仅有现代化的体育场馆和体育公园来满足日常工作与生活的需要，还在社区范围内有配套的体育设施来满足日常健身、休闲、娱乐的需求。

3. 打造公共体育资源与房地产业的合作链条

房地产业高质量发展和公共体育资源体系建设与均衡配置都是系统性极强的工程，维持其高质量运行都需要有极为完整的链条作为支撑，两者之间保持协同发展的局面更需要合作链条高度健全。这不仅要在房地产项目总体规划和施工计划中有体育资源配置领域的部门积极参与，还要在项目施工方面有相关部门参与其中，确保在房地产工程项目设计和施工中，公共体育资源配套合理，并且项目工程的整体质量能够达到国家规定的相关标准。这样不仅能够确保体育公共资源投放量的合理把控，还能够保证房地产项目本身的功能性得到全面提升，为实现房地产业和体育产业高质量发展起到强有力的推动作用。

（三）与电竞产业的结合

早在 2003 年，国家体育总局就正式批准将电子竞技列为第 99 个正式体育竞赛项目。并且 2018 年印度尼西亚首都雅加达市亚运会将电子竞技作为重要的表演项目，中国职业电子竞技代表队也取得了 2 枚金牌和 1 枚银牌。尤其是在最近几年，中国战队 EDG 电子经济俱乐部夺得"全球英雄联盟"总决赛冠军，同时，相继有 8 款游戏正式入选亚运会比赛项目。这不仅让中国体育产业发展获得新的增长点，也为丰富公共体育资源、实现公共体育资源均衡配置提供了极为理想的条件。

与电竞产业结合成为公共体育资源配置做好社会产业资源动员工作的有力抓手，为公共体育资源进一步实现均衡配置增添又一重要砝码。最为直接的结合方式就是将体育赛事与电子竞技相结合，不断开发适合体育爱好者和电竞爱好者的电竞游戏，让其在享受游戏激烈竞争氛围的同时，能够体验体育运动带来的快感。

具体操作在于不断进行体育电竞游戏的开发与运营，借助体育赛事转播和体育资讯传播的经验，让竞技领域的电子游戏进入体育市场。除此之外，还要在电子竞技场馆与设施建设方面加大投入力度，并且要做到场馆、设施、设备的不断更新，在技术、场景、赛事、游戏竞技、公众传播方面始终保持高度结合和创新发展的姿态，让电子竞技运动的魅力能够被公众深度知晓，成为公共体育资源的重要组成部分。这也让公共体育资源均衡配置获得更为有利的条件，体育产业和电竞产业发展更会同时迎来新的增长点。

除此之外，还要将正确引领公众对体育电子竞技的认知，确保公众能够深刻意识到体育电竞并非单纯的电子竞技游戏，而是一项具有体育运动色彩的电子竞技运动，避免公众在接触和从事该项体育运动之后出现"成瘾"和"暴力"之风。这不仅不利于公众身心健康发展，还会导致该公共体育资源只能被一部分人长期占有，无形中对公共体育资源均衡配置造成压力。

四、社会监管力量的大力动员

社会监管力量的大力动员必然对中国各项事业又好又快发展提供有力保障，这也正是中国特色社会主义建设与发展的特色所在。公共体育资源均衡配置是一项社会性工程，大力动员社会监管力量无疑是全面提质增效的重要保证。对此，以下就立足社会监管形式的多样化和具体的责权范围，明确大力动员社会监管力量的实践路径。

（一）确立多样化的社会监管形式

监督与管理工作的全面开展是确保各领域保持高质量发展态势，以及实现可持续发展目标的重要保障，公共体育资源均衡配置是一项系统性极为突出，并且伴有明显复杂性特征的工程，开展多维度监督与管理工作是至关重要的一环。其中，多种社会监管形式并存则是最为理想的选择，以下就针对具体监管形式予以阐述。

1. 大力动员公众监管

公共体育资源配置的高度均衡化是提高全民身体健康水平和心理健康水平的基础条件。各类资源本身的作用主体是公众，因此，通常公众眼中的资源投放力度和资源使用效率最为可观，将其作为监管主体必然促进公共体育资源配置工作的力度达到最大化，以此让资源均衡配置方法呈现最为理想的效果。

其间，要大力发挥网络信息传递的优势，倡导公众通过政府部门和有关主管部门官方网站中的留言信箱，将自己眼中的公共体育资源投放力度和资源使用情况及时予以反馈，并将其内心真实看法与想法充分表达出来。这不仅可以为政府部门有效进行资源配置宏观调控，以及有关主管部门有效进行多方协调提供重要依据，确保公共体育资源配置效率的全面提升，还有利于公众对于公共体育资源的迫切需求实现最大限度满足。

2. 大力动员社会团体监管

结合以市场为主体的公共体育资源均衡配置模式，不难发现公共体育资源已经成为体育产业中的一类产品，产品供求状况直接影响公众对于公共体育资源需求的满足程度，并最终作用于体育产业经济的发展，而发展情况也直观反映出公共体育资源配置的均衡性是否能够达到高度理想化。行业协会等有关社会团体应作为公共体育资源均衡配置的监督主体，通过行业发展报告的形式反馈其监督结果，这对公共体育资源配置高度均衡化发展可以起到重要的保障作用。

其间，要大力倡导行业协会结合"公众关于公共体育资源迫切需求的满足情况"积极开展社会调研工作。要深入有关企业进行市场调研工作，不仅对公众在公共体育资源迫切需求方面的满足情况进行全面了解，从中找出资源配置方面存在的短板，还要针对企业在公共体育资源类型的开发、与市场需求的匹配程度、资源生产的效率等方面进行充分了解，明确企业资源供给方面存在的短板。这显然可以为政府部门有效进行市场宏观调控和有关主管部门合理进行市场调节提供有力依据，最终对全面提升公共体育资源配置效率注入强大的保障力。

3. 大力动员舆论监管

如今，公众的舆论显然能全面反映社会一般现象，为各项治理工作的全面开展提供有力辅助。辅助作用最为明显的体现就是舆论监督。公共体育资源均衡配置是一种社会现象，因此，在实际操作过程中，全面确保其均衡性应发挥社会舆论监督与管理功能，让公众通过各种媒介传播途径，将看到的现象第一时间呈现出来，并倡导其参与管理活动，以此为公共体育资源实现高度均衡化的配置提供又一外在保障条件。

（二）明确公共体育资源社会监督与管理的责权范围

动员社会力量参与公共体育资源均衡配置的监督与管理工作显然要有具体方案作为重要前提，其中，明确社会各方力量在监督与管理工作中的责任和权力是关键所在，从而帮助社会各方监管力量明确具体的监督与管理的范围，信息反馈的全面性也能够得到充分保证。

1. 公众监督与管理的责权范围

在公共体育资源社会监督与管理工作中，以公众形式开展社会监督与管理工作必须明确其责任和权力。公众有资格、有权利、有义务对公共体育资源的配置情况做出及时反馈，并与政府部门和有关主管部门一道，共同开展相关管理工作，保障公共体育资源开发、投放力度、使用率能够达到最大化。公众监督与管理成为公共体育资源均衡配置的重要保障力量。

在此期间，公众监督与管理的责任范围主要针对体育场馆、体育设施、体育器材的投放情况，以及资源类型的多样化程度和社会投放量方面向政府与有关部门做出及时反馈。其权利范围主要体现在参与权、知情权、建议权等方面，确保公众所见和公众所想都能够成为公共体育资源均衡配置的重要依据。

2. 社会团体监督与管理的责权范围

由于以社会团体形式进行公共体育资源均衡配置模式运行过程的监督与管理要高度倡导专业化和系统化，社会团体在监督与管理过程中应肩负的责任在于两个方面。一是要针对全社会公共体育资源配置效率进行全面的监督，同时，向政府部门和有关主管部门提出可行性与可实现性极强的相关建议，以保证公共体育资源既能实现均衡化配置，又能实现成本的有效控制。二是要针对产业内部结构和企业运行状况进行全方位的调查取证，并做出有关分析，最终结合分析所获得的结论，向政府部门或有关主管部门提供相应的对策和建议。

社会团体监督与管理所享有的权利同样体现在三个方面：一是参与权；二是知情权；三是建议权。具体而言，有关社会团体有权利通过各种途径参与公共体育资源均衡配置模式运行过程的监督和管理，同时，有权知晓各维度的运行状况，以及向其提出有建设性的建议，以此保障公共体育资源均衡配置模式始终保持理想化的运行状态。

3. 社会舆论监督与管理的责权范围

因为社会舆论监督力量来源的渠道具有多样化的特征，所以确保社会舆论对公共体育资源均衡配置模式运行状况的监督与管理必须高度明确其责权范围，进而方可保证反馈的信息不仅具有全面性，还具有高度的真实性和有效性。

社会舆论监督与管理肩负的职责在于两个方面：一是向政府部门和有关主管部门传递社会意愿，让公众对于公共体育资源的诉求能够通过多种渠道得以表达；二是结合公共体育资源配置的现实情况，通过各种媒介向政府和有关主管部门传递自身的看法与建议。社会舆论监督与管理享有的权利依然是参与权、知情权、建议权三个方面，从而确保各类公共体育资源在全社会的投放力度和使用效率能够达到理想状态。

第四节 强化体育资源融合

一、与民俗体育资源的高度融合

中国传统体育文化作为中华优秀传统文化的重要组成部分，孕育的体育资源是重要的公共体育资源，在中国体育事业发展道路中要发挥至关重要的推动作用。然而，在实践过程中，如何将其作用充分发挥出来并能保证其作用的可持续性，关键在于将公共体育资源和民俗体育资源进行高度融合，促进民族旅游事业的又好又快发展。具体实践操作应包括以下三个方面。

（一）将公共体育资源管理嵌入民俗旅游产业

在市场经济大环境下，公共体育资源均衡配置最为理想的模式是以市场为主体，强调体育产业内部要素能够积极参与其中，政府部门根据市场供需情况做出政策性的宏观调控并予以相应的资金支持，有关主管部门则是起到有效协调和监管作用，而相关企业、机构、个人能够根据公众对体育资源的需求，对公共体育资源的类型进行不断创新，并保持资源数量的合理控制。而在当今时代背景下，公众对隐性的精神层面的体育公共资源需求愈加强烈，同时具有高度的普遍性，具有民俗性的体育文化资源能够满足这一市场要求。

可是，将这一类公共体育资源进行有效管理和均衡化配置是一项极为系统的工程，需要一套完整的管理与分配体系作为支撑。因此，将管理过程嵌入发展较为成熟的民俗旅游产业进行统一化管理具有高度的可行性。通过政府引导、有关主管部门调节、相关企业自我进行方向把控的方式，公共体育资源和民俗旅游资源形成一体化管理。这样不仅可以促进该类公共体育资源的均衡配置达到较高水平，还可以促进体育产业和民俗旅游产业经济的协同发展。

（二）充分挖掘公共体育资源的特色

在公共体育资源均衡配置的道路中，资源类型越丰富，在满足公众需求的程度上越强，资源利用率也会得到充分保证。这样不仅可以充分彰显资源配置的效率，还可以带动公共体育资源配置的均衡性不断提升。对此，借助民俗旅游充分挖掘公共体育资源独有特色成为丰富其资源类型的核心。

挖掘公共体育资源的特色，既可以将具有地域色彩的民俗体育运动作为重要结合对象，也可以将富有地域文化色彩的旅游景观资源作为主要载体，打造出具有地方特色的旅游体育资源。这样不仅是对公众隐性的精神层面公共体育资源的深入挖掘，也是对公共体育资源类型的有效扩充，满足不同人群对该类型公共体育资源的需要。公共体育资源配置效率和均衡性的提高自是不言而喻的。

（三）建立公共体育资源的产业化经营模式

借助民俗旅游产业充分挖掘公共体育资源的特色，将具有隐性的精神层面公共体育资源类型进行深度开发，其目的就是满足全社会不同人群对于公共旅游资源的切实需要。在这一过程里，不仅要注重资源配置本身的社会效益，还要确保其经济效益能够实现最大化，这样才能为公共体育资源均衡配置始终处于高质量和可持续状态提供动力。产业化经营模式的构建成为一项决定性因素。

在资源设计与开发过程中，体育产业与民俗旅游产业有关主管部门之间不仅要保持通力合作，广泛进行社会调研和市场调研活动，了解公众对隐性的精神层面公共体育资源和旅游资源需求情况，还要摸清在民俗旅游群体中以参与民俗体育活动为动因的游客数量和所占比例，进而对该类公共体育资源进行全面开发与推广，并最终形成品牌效应。这样既能让当地体育产业和旅游产业形成新的经济增长点，还能让公共体育资源的使用率大幅提升。公共体育资源投入也会伴随时间的推移而逐渐降低成本，资源配置效率和均衡性也会不断提升。

二、与竞技体育和学校体育资源的高度融合

竞技体育、学校体育、群众体育是中国体育事业发展的三大主体，其中，群众体育事业的发展起到基础性支撑作用，而竞技体育事业发展是中国体育事业成就的集中体现，学校体育事业则是中坚力量。因此，在全面加快中国体育事业发展道路中，竞技体育和学校体育要为夯实群众体育的基础性提供服务。其间，公共体育资源与竞技体育和学校体育资源的高度融合则是关键条件所在，同时，能够对全面提升公共体育资源均衡配置水平起到强有力的推动和保障作用，具体融合措施如下。

（一）与各级专业运动队的资源高度融合

在中国体育事业飞速发展中，竞技运动发挥着至关重要的带动作用，其原因在于"举国体制"下的中国体育事业发展将竞技体育视为重中之重，在国际体坛取得的伟大成就令全世界叹为观止，这不仅仅激发国人的民族自豪感，更促进了群众体育事业的全面开展，随之群众体育事业在又好又快发展中也逐渐拥有基础。其中，专业运动队在精神层面起到了至关重要的带动作用。

但是，在群众体育事业发展中，竞技体育在精神层面的带动作用往往只是造就群众体育事业又好又快发展的重要支撑，还需要在物质层面为之提供强有力的支持，这样才能确保群众体育事业发展达到新高度，

公共体育资源才能得到丰富，资源配置的均衡性才能尽可能达到理想状态。正因如此，公共体育资源均衡配置需要与各级专业运动队的资源高度融合。

在此过程中，要倡导各级专业运动队定期开展群众体育工作指导与培训活动，同时，积极参与有关主管部门组织的群众体育工作经验交流活动，与群众体育工作人员积极分享更加具有专业性的建议和对策，确保有关部门工作人员从中获得专业层面的启发。另外，要大力倡导各级专业运动队运动员、教练员、管理人员积极参与群众体育工作，定期为公众提供健身指导，组织群众性趣味体育赛事，进行资源管理与配置专业指导等有关活动，力求各级专业运动队人力资源可以成为公共体育资源的重要组成部分。

另外，在资源均衡配置方面，政府部门要为其提供相应的政策和制度保障，有关主管部门还要制定出相关的激励机制，同时，要明确资源配置的原则和标准，以此确保具有高度专业性的公共体育资源配置更加均衡，其作用能够发挥到最大化。

（二）与体育院校资源的高度融合

前文已经提到体育院校为公共体育资源均衡化配置提供的人才供给，这里则从资源共享的角度进行分析，确保公共体育资源均衡配置达到理想高度。因此，两部分研究的视角不同，并不存在研究观点的矛盾。具体而言，公共体育资源管理与体育院校人力资源，以及物力资源之间的相互融合，确保可配置的资源数量达到最大化，能够有效缓解公共体育资源配置不均衡的局面。深度融合的实际操作应体现在以下三个方面。

1. 倡导体育院校全面开设群众体育实践课程

在体育院校课程设置方面，不仅要强调公共课程、专业理论课程、专业实践课程、专项比赛作为课程设置的基本结构，还要将群众体育实践课程作为重要组成部分，让学生在了解国家群众体育事业发展前景的同时，能够具备运用自身所学专业知识和专项技能积极投身群众体育事业的意识，并且掌握有效组织和指导公众开展各种类型体育活动的能力，由此让人力资源层面的公共体育资源得到丰富。

2. 倡导体育院校教师和管理岗位工作人员兼任社会体育指导员、健身知识宣传员、公共体育资源调度员

体育院校教师和管理岗位工作人员都是各岗位的优秀人才，业务水平过硬是最为基本的岗位要求，将其融入公共体育资源体系，必然可以推动公共体育资源建设发生质的提升和量的增加。对此，政府部门和有关主管部门要大力倡导体育院校教师和管理岗位工作人员积极投身于群众体育事业，根据具体需要兼任相关公共体育工作人员，进一步确保人力资源层面的公共体育资源得到丰富。

3. 倡导体育院校训练场地、设施、器材最大限度向社会公开

因为体育院校是国家高质量体育人才培养的摇篮，所以体育场地、设施、器材的数量较多，并且具有极强的专业性和先进性。这些条件显然公共体育资源并不具备，因此，将其融入公共体育资源体系，并且加以规范性的管理和使用，必然全面提升物质层面公共体育资源的整体水平，同时，专业型公共体育资源的数量也会实现大幅增加。这样不仅可以提高体育院校现有体育资源的应用效率，还可以促进公共体育资源配置均衡性的有效提升。

（三）与普通大中小学校资源的高度融合

随着国家体育事业发展进程的不断加快，学校体育事业发展也全面开启新的征程。特别是"新高考"和"新高考"政策相继出台，不仅为学校体育事业带来了前所未有的发展机遇，还提出了严峻的挑战，学校体育资源建设也随之上升到了新的高度。针对于此，公共体育资源建设

与均衡配置工作，可将学校体育资源作为重要的融合对象，通过规范化的管理与使用，不仅可以全面提高学校体育资源应用效率，还可以推动公共体育资源均衡配置达到新的高度。公共体育资源与普通大中小学校的资源高度融合应体现在以下三个方面。

1. 学校公共体育场地方面

极力倡导学校根据日常授课时间的具体安排，定时将公共体育场地对全社会开放。同时，有关主管部门要制定相关的管理制度，设立相关管理岗位，针对场地进行定时维护与保养，在确保学校公共体育场地能够长时间为群众体育事业发展提供可持续性服务的同时，确保学校日常授课活动能够顺利开展，以此提高学校公共体育场地的利用率。

2. 学校公共体育设施方面

大力倡导学校根据日常授课的基本需要，定时定量将公共体育设施对全社会开放，并且有关主管部门要制定相应的体育设施使用相关制度，确保公众始终能够在规范操作的前提下使用学校公共体育设施。除此之外，有关部门还要联合学校定期进行公共体育设施安全隐患的摸排，并对其进行定期维护，以此确保学校体育资源使用效率和长期性能够得到充分保证。

3. 学校公共体育器材方面

要以全面提升学校现有公共体育器材的开放性为基本理念，在实际操作过程中，要明确其适用范围和适用人群，确保群众使用学校公共体育器材开展体育活动的安全性。除此之外，还要针对开放时间、开放数量、使用规范做出明确规定，力保学校公共体育器材不仅能够有效服务群众体育事业的发展，还能确保学校体育工作的正常运行，让有关主管部门能够拥有更多的公共体育资源，用于均衡配置。

第七章　未来展望

因为中国体育事业的发展是一项利民工程，所以始终让中国体育事业保持可持续的发展状态是每位体育工作者义不容辞的责任与义务。其中，在公共体育服务体系建设方面，以及体育资源均衡配置方面，体育工作者始终要保持长远的发展眼光，始终将其不断完善作为一项重要使命。本章内容就公共体育服务体系和体育资源均衡配置的未来发展做出客观阐述，以此充分彰显中国体育事业发展的高质量性和可持续性。

第一节　公共体育服务体系的发展

社区公共体育服务体系作为公共基础设施建设之一，在建立和健全方面还有很长的路要走。因此，如何实现公共体育服务体系的高度完善，还需社会各界一起共同努力。

一、不断完善符合广大群众需求的体育设施

在全民健身上升为国家战略、提倡健康中国的新时代，人人都需要健身和健康，体育基础设施建设不仅要满足老年人的健身需求，还要满足年轻人的健身需求，这是社区公共体育服务运行的物质保障。老年人只需要一些简单的健身设施就可以，但是中青年不一样，他们喜欢球类运动、水上运动、田径运动等项目。同时，不同性别之间的体育锻炼也有差别，舞蹈、瑜伽是女性健身爱好者比较喜欢的。因此，基础设施建设应当增设不同类别的运动项目，满足不同年龄阶段和性别的人们的需求。要充分调研，以了解不同年龄、性别、地域等社会学特征的差异与切实需求，根据调查结果制定针对社区不同群体的设施建设政策。总之，需要坚持因人而异的基本原则、满足广大民众体育需求的宗旨展开社区

公共体育服务基础设施体系的投入与建设。

二、进一步加快体育信息服务和数据平台建设

体育信息平台的构建旨在为市民提供更多关于体育方面的信息指导，主要通过专业人员进行指导，避免不科学锻炼；一个有秩序的公共体育服务体系，能够将体育设施、体育场所、体育类型进行合理分类，为不同的人群提供不同的体育指导。因此，体育信息平台的作用在于服务市民，帮助市民制定和养成良好的健身习惯。社区公共体育服务的有效运转需要新媒体的介入，尤其是网络信息平台的建设与数据库的建立，通过智能化的宣传、指导与搜索等，为民众提供更加便捷的参与机会，借助对具体数据的收集、分析与反馈，促使民众体育锻炼更科学、更有效。具体建设过程需要跨专业、跨领域合作，将"互联网＋"的作用体现出来，最终建成网络化、智能化及数据化的社区公共体育服务信息体系。一方面，虚拟社区公共体育服务的信息交流更加方便。另一方面，利用互联网平台，实现不同社区体育运动场馆之间的资源共享，提高体育场馆利用率。

三、全力深化公共体育服务性人才储备体系

公共体育器材需要专门管理，公共体育信息需要专职人员发放，公共服务平台需要专职人员提供专业指导和信息咨询。因此，为公共体育服务体系储备专业的体育方面的人才是很有必要的。社区公共体育服务建设需要体系化，如场地设施、组织管理、经费投入、信息宣传、体质监测、政策法规及监督评估等，不同的要素体系需要不同的专门人才负责，而不是笼统的全负责模式，分类推进的策略能够更好地细化责任人工作任务，有利于工作的顺利进行。

社区公共体育服务的岗位设置与专业人才的储备必须得以完善，可

以通过设立明确的编制岗位吸引专业人才进入，建立实习岗位与高校社会体育专业合作，招收更专业的人才进行辅导、指导与工作，形成良性的集实现、学习、就业的人才吸纳机制，建成社区公共体育服务人力资源体系，确保其协调发展。

四、努力实现政府政策引导和资金扶持力度的最大化

只有在政府的带头作用下，市民才会响应其号召，对体育健身加以重视，这样公共体育服务体系建设才会发挥作用。首先是政策的支持，对于在城市中占用一定面积进行体育基础设施的建设，是需要取得政府同意的，尤其是在建设齐全的体育设施时，会占用大面积的城市用地，只有在政府准许的前提下，才能实现公共体育服务场所的建设；同时，政府要对提高市民的身体素质加以重视，因此，政府应该在政策上引导，推崇全民健身。其次是资金扶持，大型的、齐全的公共体育配套设施建设，其花费必然不小，这些资金的来源很大一部分要依靠政府的扶持。因此，必须建立社区公共体育服务的财政资源体系，在政府组织的引导下将经费运用得当，避免发生经费使用无效的情况。

第二节　体育资源均衡配置研究展望

一、统筹社会各方力量，壮大社会体育指导员队伍

目前，城乡社会体育指导员资源配置非常不均衡，要想实现城乡社会体育指导员的均衡发展，壮大其乡村社会体育指导员队伍是关键，可

以从以下三个方面入手。

第一，建立城乡社会体育指导员激励机制。该机制可为社会体育指导员提供丰厚的物质奖励、精神奖励以及发展空间，这样不仅有利于现有社会体育指导员资源城乡均衡化，还可以吸引乡村居民主动考取社会体育指导员资格，壮大本土社会体育指导员力量。

第二，建立城乡社会体育指导员共享机制。为避免过量社会体育指导员流向城市，政府应出台相应的政策与奖励措施，鼓励城镇的社会体育指导员定期下乡，对全体居民进行健身指导。

第三，拓宽城乡社会体育指导员来源渠道。社会体育指导员来源渠道单一，大多数来源于体育工作者和体育教师，政府应最大限度地挖掘各方力量用于扩大社会体育指导员队伍，具体措施为加强同地方高校的关系，为其体育专业学生建立实习基地，使学生在实习过程中对居民加以健身指导；招募社会上具有一定运动知识与技能且热心健身指导的志愿者，深入居民日常体育活动进行健身指导；抓住大学生村官这一能力强、素质硬的队伍，对其进行相关培训，使其兼职从事社会体育指导员这一工作，并将其纳入绩效评定范围；建立群众体育骨干培养体系，培养体育骨干，使其熟知广大城乡居民的生活习惯，让其带领居民开展体育运动效果会更好，体育骨干将作为一支稳定的、持久的社会体育指导员队伍而存在。

二、拓宽城镇体育经费来源渠道，加大城乡体育经费支持力度

要想实现城乡公共体育资源配置的均衡发展，体育经费既是基础也是保障。当前群众体育经费社会投入占比较小。通常情况下，城镇获得的体育经费远远多于乡村，加上观念、经济发展等因素的干预，城乡公共体育资源配置不均衡，城乡群众体育事业发展缓慢。

要想解决城乡体育经费投入不均衡这一问题，应基于城镇和乡村不

同的社会发展环境和公共体育资源配置现状，对城镇和乡村实行不同的体育经费供给模式。

对于城镇而言，由于其距离社会组织、社会团体、企业较近，并且群众体育发展水平较高，政府可出台相应的奖励措施，例如，对支持城乡群众体育建设的社会组织、社会团体、企业和私人给予一定的政策优待，或者要求当地受相应政策扶持发展起来的企业、公司共同承担部分群众体育发展经费，以此引入组织、团体、企业和个人赞助等社会力量的参与，拓宽城镇体育经费来源渠道，使城镇的体育经费供给模式变得灵活多样。

对于乡村而言，由于其没有城镇的地利优势，并且群众体育发展较为落后，应强化政府的主导作用，在不影响城镇群众体育事业发展的基础上，加大对乡村体育经费的投入力度，把更多的体育经费投入乡村，以支持乡村群众体育事业的发展。

三、建立有效体育信息宣传途径，提升城乡居民健身意识

城乡应建立较为完备并且畅通的体育信息宣传途径，线上包括网站宣传、微信公众号宣传、电视节目宣传和广播宣传，线下包括报纸宣传、宣传栏宣传、宣传册宣传和专题讲座宣传。城乡的体育信息宣传途径不是很畅通，主要表现在以下两个方面。

一方面，虽然城乡居民同样具有享受线上获取体育信息的权利，但其仍习惯于通过电视、广播等传统媒体获取信息，而随着社会的发展，人们更多地选择借助网络和手机等新兴媒体传递信息，这使传统媒体传递的信息量越来越有限，城乡居民通过线上获取的体育信息越来越有限。

另一方面，城乡的宣传途径仅有宣传栏这一类，且基本上被弃用，不能传递体育信息。由此可见，建立有效体育信息宣传途径的工作重点仍在城乡同步。要想使城乡居民更好地、更有效地捕捉、获取到体育信

息，就需要建立一种或多种符合其生活习惯且其易于接受的体育信息宣传途径，可通过以下三种形式得以实现。第一，增加电视和广播等传统媒体传递的体育信息量，在当地可开设专门的体育电视频道和广播频道用以传播体育政策、健康常识、健身方法、体育新闻等信息。第二，定期开展专题讲座，对城乡居民进行必要的健身知识讲授、健身技能培训等，使其掌握科学的健身方法。第三，面向城乡居民开展各种形式的群众体育活动，使其在运动中感受快乐，丰富居民体育知识，提高居民健身意识。

四、加强城乡基层体育组织建设，确保政策落实到位

体育行政部门的基层单位在区（市）一级，是体育行政管理的最末端。街道、乡（镇）以及社区、行政村的体育工作一般由其政府以及居委会、村委会负责分管。这些管理部门除了负责体育工作以外，还负责地区经济、政治、文化等多项工作，且工作人员数量不足，这就使其对群众体育工作关注度并不够。投入的精力不够，直接影响该地区群众体育事业的发展，在这种情况下往往需要群众体育组织来进行有效弥补。与城镇相比，乡村基本没有基层体育组织，就无法为乡村争取更大的利益，使倾向于乡村的群众体育政策无法真正地得到贯彻。要想实现城乡公共体育服务均等化、均衡资源配置，则应加强城乡的基层体育组织建设，一方面，使其成为乡村居民自身争取体育权利的代言人，确保乡村居民的话语权能通过体育组织得到保障；另一方面，贯彻有关政策、制度，带动乡村群众体育的发展。此外，体育组织的存在还能有效地解决政府和体育行政部门行政能力不足、对群众体育关注不够等问题。

五、出台城乡群众体育统筹发展规划，完善居民监督反馈机制

要想使城乡群众体育以及公共体育服务按照既定的方向发展下去，

就必须制定相对应的政策、制度以及规划对其进行约束。要想实现城乡公共体育资源配置的均衡发展，除了落实好国家出台的相关政策和严格执行上级部门有关规定外，还需出台针对本市和各区（市）的两级规划，如城乡群众体育统筹发展规划等。规划中要涉及以下几个方面：其一，制定城乡地区的资金投入、场地设施、组织结构、体育活动、体育指导、体质监测、体育信息等相关条款；其二，明确居民健身的权利，从制度上保障居民尤其是乡村居民健身的权利；其三，对相关部门、组织及工作人员的责任与工作分工，确保各司其职，完成、落实好各自任务；其四，把各级相关部门、组织、工作人员的群众体育工作绩效列为年终工作绩效考核中的重要一项。真正完善、落实居民监督反馈机制，相关部门应加快监督反馈平台的建设，如网站链接、网上信箱、群众意见箱、专线电话等，同时，在基层（社区或行政村）成立相应的机构，随时接受居民的监督与反馈，将其有关意见及时上报有关部门，并不定期地严格考核当地群众体育工作情况，形成"自下而上"的反馈表达机制。

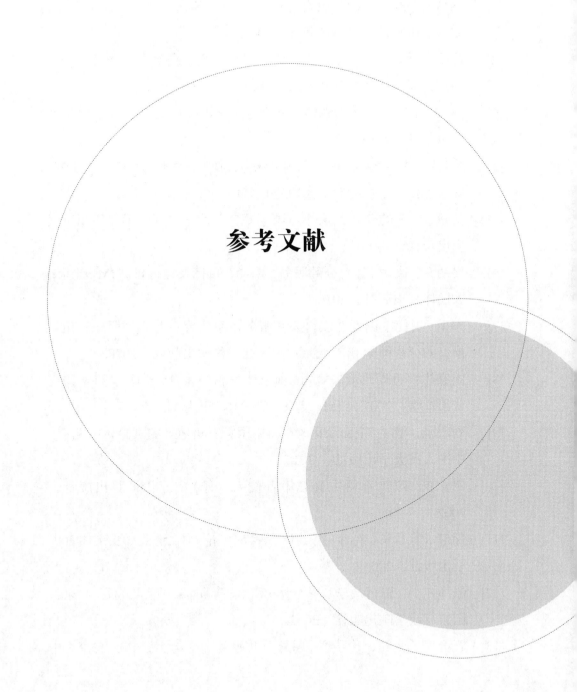

参考文献

[1] 陈昌盛,蔡跃洲.中国政府公共服务:体制变迁与地区综合评估[M].北京:中国社会科学出版社,2007.

[2] 陈刚,乔均.公共体育服务体系建设:比较研究与创新探索[M].南京:江苏凤凰科学技术出版社,2015.

[3] 戴健.中国公共体育服务发展报告:2013[M].北京:社会科学文献出版社,2013.

[4] 登哈特 J V,登哈特 R B.新公共服务:服务,而不是掌舵[M].丁煌,译.北京:中国人民大学出版社,2016.

[5] 狄骥.公法的变迁:法律与国家[M].郑戈,冷静,译.沈阳:辽海出版社,1999.

[6] 樊炳有,高军.体育公共服务:内涵、目标及运行机制[M].北京:人民体育出版社,2010.

[7] 方堃.当代中国新型农村公共服务体系研究:基于"服务三角"模型的分析框架[M].北京:中国社会科学出版社,2010.

[8] 国家体育总局政策法规司.国家体育总局体育哲学社会科学研究成果汇编:2007 年[M].北京:人民体育出版社,2010.

[9] 刘志彪,姜宁.全面深化改革与中国长三角地区的试验[M].北京:中国人民大学出版社,2015.

[10] 罗尔斯.政治自由主义[M].万俊人,译.南京:译林出版社,2002.

[11] 闵健,李万来,刘青.公共体育管理概论[M].北京:北京体育大学出版社,2005.

[12] 佩泽尔.法国行政学:第十九版[M].廖明坤,周洁,译.北京:国家行政学院出版社,2002.

[13] 石国亮,张超,徐子梁.国外公共服务理论与实践[M].北京:中

国言实出版社，2011.

[14] 孙巍.生产资源配置效率：生产前沿面理论及其应用 [M].北京：社会科学文献出版社，2000.

[15] 谢英.区域体育资源研究：理论与实践 [M].北京：科学出版社，2009.

[16] 张大超，李敏.我国城乡公共体育资源配置公平性评估研究 [M].北京：中国社会科学出版社，2016.

[17] 安宏.构建和谐社会背景下的体育资源配置公平与效率研究 [J].广州体育学院学报，2014，34（2）：27-29.

[18] 蔡朋龙，王家宏."有效市场"和"有为政府"：公共体育资源配置市场化改革中政府与市场的三重边界[J].天津体育学院学报，2019，34（3）：198-206.

[19] 蔡朋龙，王家宏.论公共体育资源配置市场化改革中政府角色定位 [J].沈阳体育学院学报，2020，39（2）：58-67.

[20] 陈力.区分公共服务与经营性服务的理论思考 [J].中国人才，2007（10）：14 - 16.

[21] 陈玲，董川.体育公共服务资源配置有效性分析 [J].河北体育学院学报，2015，29（6）：36-41.

[22] 陈小满.我国体育资源优化配置实现机制的理论探索 [J].体育科学研究，2011，15（3）：11-13.

[23] 程华，戴健.长三角地区公共体育服务的分层供给 [J].体育学刊，2017，24（2）：57-63.

[24] 戴健，马志和，顾晨光，等.论长江三角洲地区竞技体育资源配置与一体化开发的目标模式 [J].体育科学，2007（6）：3-7.

[25] 邓凯.城镇化进程中农村体育资源配置研究 [J].福建茶叶，2020，

（3）：273-274.

[26] 黄海燕.推动体育产业成为国民经济支柱性产业的战略思考 [J].
体育科学，2020，40(12)：3-16.

[27] 黄海燕.推动体育产业成为国民经济支柱性产业的战略思考 [J].
体育科学，2020，40（12）：3-16.

[28] 姜玉红.我国公共体育资源管理中的政府职能 [D]. 呼和浩特：内
蒙古大学，2009.

[29] 寇健忠，吴鹤群，林正锋.公共体育资源优化配置制度的转换基础、
变迁特征与创新路径 [J]. 三明学院学报，2021，38（4）：13-19.

[30] 梁潇.体育产品的性质与体育资源的配置 [J]. 河南科技学院学报
（自然科学版），2008，36（4）：163-165.

[31] 刘佳，朱罗敬，谢飙.我国体育资源配置中的政府行为研究 [J]. 中
南林业科技大学学报（社会科学版），2010，4（5）：134-136.

[32] 刘军，邹月辉.区域协调战略下长三角地区公共体育资源配置公
平性研究 [J].南通大学学报（社会科学版），2022，38（4）：
56-63.

[33] 刘秦.我国体育资源配置失衡问题与组织文化控制 [J]. 当代体育
科技，2013，3（2）：68-69.

[34] 刘双双.关于体育资源配置问题的研究综述 [J]. 当代体育科技，
2015，5（17）：231-232.

[35] 刘洋.资源配置理论下体育公共服务体系建设 [J]. 现代交际，2013
（8）：126，125.

[36] 刘志彪，孔令池.长三角区域一体化发展特征、问题及基本策略 [J].
安徽大学学报 (哲学社会科学版)，2019，43（3）：137-147.

[37] 马维平，徐勤儿，周耀军.群众体育资源配置及服务体系构建实

践研究：以江苏省常州市为例[J].体育成人教育学刊，2014，30（6）：42-44，59.

[38] 聂文文.共享经济视角下公共体育资源优化配置路径研究[J].盐城工学院学报（社会科学版），2022，35（1）：88-90.

[39] 裴立新，王晖，武志峰，等."集约化"是社会主义初级阶段我国体育资源合理配置与有效利用的必然选择[J].西安体育学院学报，2001（1）：1-4.

[40] 任海，王凯珍，肖淑红，等.论体育资源配置模式：社会经济条件变革下的中国体育改革：一[J].天津体育学院学报，2001（2）：1-5.

[41] 任海，王凯珍，肖淑红，等.体育资源配置方式的改革与体育资源的开发：论社会经济条件变革下的中国体育改革：三[J].天津体育学院学报，2002（1）：12-17，20.

[42] 任海，王凯珍，肖淑红，等.我国体育资源配置中存在问题及其原因探讨：论社会经济条件变革下的中国体育改革：二[J].天津体育学院学报，2001（3）：1-9.

[43] 沈克印，王凤仙.我国体育资源配置中效率与公平观的伦理分析[J].成都体育学院学报，2012，38（5）：31-35.

[44] 饶建波.关于公共体育资源配置的不平衡及改革分析[J].科教导刊（下旬），2016（36）：149-150.

[45] 舒宗礼.有效的市场与有为的政府：公共体育资源优化配置的关键[J].成都体育学院学报，2015，41（6）：55-61.

[46] 司荣贵.论体育资源合理配置的目标和原则[J].西安体育学院学报，2004（3）：28-30.

[47] 唐琪瑶，关清文.社区体育资源配置与居民体育行为特征关系[J].

运动精品，2020，39（8）：61–63.

[48] 唐晓辉，李洪波，孙庆祝.城市社区公共体育资源配置的政府绩效评价体系研究 [J].天津体育学院学报，2012，27（5）：386–390.

[49] 田学礼."互联网 +"背景下社区体育资源配置创新研究 [J].四川体育科学，2017，36（2）：81–83.

[50] 王一乐.公共体育资源配置效率优化研究 [J].合作经济与科技，2021（7）：151–153.

[51] 吴周礼.体育资源配置方式及实现机制分析 [J].浙江体育科学，2007（6）：15–17.

[52] 肖林鹏，李宗浩，杨晓晨.公共体育服务概念及其理论分析 [J].天津体育学院学报，2007（2），97 –101.

[53] 肖林鹏.论我国公共体育服务供给的基本问题 [J].体育文化导刊，2008（1）：10–12.

[54] 肖林鹏.我国群众体育资源开发与配置对策研究 [J].西安体育学院学报，2006（1）：6–8，17.

[55] 谢哲.基于资源共享视野的城市社区体育资源优化配置探讨 [J].齐齐哈尔师范高等专科学校学报，2022（2）：89–91.

[56] 许晨晨.市场资源配置为体育产业发展提供助力 [J].当代体育科技，2018，8（5）：251，256.

[57] 余涛.群众体育资源配置系统构建的理论研究 [J].北京体育大学学报，2009，32（12）：16–19.

[58] 俞琳，曹可强.公共体育服务：体系构建、机制创新与制度安排 [M].北京：北京体育大学出版社，2013.

[59] 袁春梅，杨依坤.我国体育公共服务资源配置均等化水平的实证

研究：基于泰尔指数的分析 [J].武汉体育学院学报，2014，48（2）：21-26.

[60] 张大超，苏妍欣，李敏.我国城乡公共体育资源配置公平性评估指标体系研究 [J].体育科学，2014，34（6）：18-33.

[61] 张凤彪，朱溶霞.我国体育公共资源配置的研究述评 [J].湖北体育科技，2021，40（11）：941-946，950.

[62] 张纳新.社会公平视野下合理配置社区体育资源研究 [J].河南师范大学学报（自然科学版），2011，39（3）：180-182，185.

[63] 赵金燕，李井平.公共体育资源配置能力研究进展 [J].武术研究，2020，5（4）：140-143，146.

[64] 朱建清，丛湖平.华东地区普通高校体育资源结构及其优化配置方式的选择 [J].中国体育科技，2006（6）：104-111.

[65] 朱焱，于文谦.我国公共体育资源配置水平差异与空间演进特征分析 [J].武汉体育学院学报，2019，53（5）：28-35.

[66] 李丽红.基于供需视角下昆明市城市社区公共体育服务资源布局及优化策略研究 [D].昆明：云南师范大学，2020.

[67] 丁文武.集成电路产业公共服务体系建设研究 [D].天津：天津大学，2011：21.

[68] 冯星星.中部地区公共体育服务效率评价及提升路径研究 [D].太原：山西财经大学，2021.

[69] 高杨.我国公共体育服务制度供给研究 [D].天津：天津体育学院，2014.

[70] 桂翔.基于公众视角的合肥市公共体育服务供给效果及影响因素研究 [D].合肥：安徽大学，2020.

[71] 何秀丽.老龄化背景下公共体育服务进入居家养老服务的困境研

究 [D]. 北京：北京体育大学，2019.

[72] 刘真言 . 善治视角下陕西省购买公共体育服务的政府责任 [D]. 西安：西安体育学院，2021.

[73] 汤际澜 . 我国基本公共体育服务均等化研究 [D]. 苏州：苏州大学，2011：48–50.

[74] 田旭 . 基于政府、市场、社会视域下公共体育服务设施建设问题探析 [D]. 西安：陕西师范大学，2014.

[75] 殷冬军 . 社区公共体育服务内生性发展的研究：以上海市静安区为例 [D]. 上海：上海师范大学，2013.

[76] 朱林源 . 基于供求理论的山东省农村公共体育服务研究 [D]. 聊城：聊城大学，2021.